# フランス演劇にみるボディワークの萌芽

## 「演技」から「表現」へ

中筋　朋

世界思想社

# はじめに

現代演劇をつくるうえで、俳優のからだの素地ができていることは非常に重要である。これは、必ずしも超人的な身体能力を身につけることとは一致しない。むしろ、そうした身体技術を有しているよりも、ボディワークやその他の体験を重ねることで、ある種のからだの状態をつくり出せることが必要になる。

本書は、十九世紀末フランスの演劇論や戯曲を読みときながら、俳優に必要なこのようなからだの状態――俳優特有のからだのあり方を素描しようという試みである。十九世紀末の思潮の変化と俳優に求められたからだの状態は、実は密接に結びついている。そのことを本書では、特にこの時期の劇の変容を描き出すことで浮き彫りにしていく。十九世紀末、ボディワークはまだ具体的な形をとっていないのだが、タイトルに「ボディワーク」という語を採用したのは、このような理由からである。

そもそもこの研究は、十九世紀末という時代自体への興味というよりも、むしろ筆者の観劇体験にもとづく現代演劇への興味から生まれてきたものである。そして、十九世紀末の演劇理論と現代演劇のつながりを見いだすことができたのには、筆者が実際にボディワークの体験をしていたことが大きい。ここで、この本の出発点であり参照点でもあったこの二つの軸について、簡単に述べてみたい。

観劇体験としては、大学に入ってから足を運ぶようになった小劇場の印象が、まず大きかった。舞台と客席の高さの差がなく、客席も一〇〇人以下、一番まえに座れば俳優の息がかかるような空間。暗転してすっかり暗くなると、垂らされた幕の重みが雑音を閉ざす沈黙の音のようなものが聞こえる気のする空間は、そこにいるだけでも日常生活にはない緊張を感じさせ、それ自体がひとつの快楽だったように思う。そして、なによりの快楽は、そうした日常とは異なる強度の支配する空間で俳優を見ることだった。見る、というより出会いを経験するというほうが感覚としては近かったかもしれない。俳優が限られた上演時間のあいだに体現しているように見える「変化」の独特の生々しさによって、ただ安全なところで見ている状態から連れ出される気がしたからである。

「変化を見る」ということは、観劇体験において大きな位置を占めている。もちろん考えてみれば、変化なしに舞台をつくるということがそもそも不可能なのかもしれない。しかし、その変化を動きとともに空間に刻んでいくことは、舞台を見ることによって生まれる情動の源となっている。具体的には、俳優が動くことによって舞台上のおがくずが舞い散ったり、幕のように垂らされた布が裂かれることによって空間の様子が変わったり、俳優の手や足につけられた絵の具によって空間にその動きの軌跡が描かれたりするような舞台である。このような、上演の進行――つまりは俳優の動きによって空間が別のものへと変えられていくような舞台に独特の美しさがあるのは、時間の経過による変化、とりわけ俳優の身体と空間との出会いが、視覚化されて強調されるからだろう。そして空間の変化は、俳優自身の変化をともなっている。上演中の時間は、日常生活よりも凝縮されたものであることが多く、その時間を構成するできごとが具体的な物語であれ抽象的な動きであれ、その凝縮された時間を通りすぎることによって、登場人物、ひいては俳優に変化が起こる。観客の立場からすると、このような変化に気づくことは、俳優の内的経験を追体験するような部分があり、「なにかが起こっている」ということを鮮烈に感じる瞬間でもあった。それが観劇を通じた快楽の核をなしていたように思う。これは、日常の人との関わりのなかでも起こることである。それを、比較的短い時間に、日常よりもしばしば明確に露出した形で体験することが、観劇体験の大きな魅力のひとつだろう。

　そして、この「変化に気づく」という側面は、実は古代ギリシアの昔から、演劇の重要な構成要素とされていた。古代ギリシアの哲学者アリストテレスに、『詩学』という書物がある。これは、西洋の演劇の基盤となり、つねに参照点となってきた演劇の理論書である。この本のなかでは、物語における気づきは「認知（アナグノーリシス）」と呼ばれている。それは、登場人物が、それまで隠されていた自分の出自や、ほかの登場人物との関係に気づき、そのことによりドラマが大きな展開を迎える瞬間である。たとえば生き別れになった兄妹の再会や、実の両親が誰であったかに気づく場面だが、これがドラマチックさを生みだすということは、少々時代錯誤であれ、現在のわたしたちにもわかりやすい感覚だろう。

　ただし現代劇では、しばしばそれは、自分の出自をゆるがす大きなできごとというより、もう少し抽象的な意味での自分というものの捉え方の変化であったり、日常生活のなかでの考え方や価値観の変化であることが多い。そしてそうした変化は水面下で起こっており、表面的なできごとはずっと穏やかなものになっている。しかし考えてみれば、実生活のなかで生き別れの家族に出会ったときの抱擁を体験することはそうそうなくとも、自分の内面が更新され、それによって日常生活が変容するというのは、だれしもが経験してきていることである。それは、わたしたちにとっては、波瀾万丈の事件を通じて描かれるものよりもかえって生々しく映るのではないだろうか。少なくとも筆者自身は、そうした演劇を見ることによって、「認知」という気づきの瞬間のもつ演劇性の鮮やかさを教えられた。

　このような観劇体験を通じて得られた認識は、研究をつづけるうえで、重要な導きの糸となってきた。そして、筆者の研究を通じて通底している部分があるとすれば、それはこのような体験と結びついた理解——体感をつねに参照点にしながらなにかを考えてきたことだと思う。この意味では、二つめの体験として挙げたボディワークの体験は、この研究を支えている中心的な軸といっても過言ではない。

　ボディワークと言ってもわかりにくいかもしれない。もともとこの言葉は、ニューエイジの文脈で、心とからだの全体的な調和を探求するためのセラピーや訓練を指していた。現在でも、マッサージのような他者に施術してもらうものを指して用いられることもあるが、その場合も被施術者になんらかの参加が求められるものであることが多い。そもそも、手あてによる施療は、からだの一部を外在的な力で無理に動かすのではなく、外側からの働きかけにより内部から「動かさせる」ものであるという意味では、たとえ無意識のものであっても、被施術者の参加はボディワークの概念に織りこまれているのかもしれない。そして演劇やダンスの文脈で「ボディワーク」と言われるときには、ほとんどの場合は、からだを動かしながらのワークを指す。これが球技などのスポーツと異なるのは、それが、競技のなかでのパフォーマンスを向上させるために筋肉や反射神経を「鍛える」訓練ではない点にある。ボディワークはむしろ、からだの使い方に意識的になるためのものであり、より内的に身体と関わる体験である。この意味では、パフォーマンスを目ざしたダンスはボディワークではないが、ヨガや太極拳はボディワークであるということになる。ただし、コンテンポラリーダンスはこのボディワークの要素を取り入れ、ダンサーの身体性を刷新する試みもしばしばおこなっていることを言い添えておく。

　演劇においても、自分の意識と身体がどのように作用し合っているかに注意を向けられるようになることは、演技の基礎をつくるうえで非常に重要である。自分の内側に注意をやり、それを静かに受け入れることは、演技の素地となるニュートラルな状態をつくる鍵となるからである。舞台上で的確に判断するためにも、そして穏やかな感情だけでなくむしろ激情を表現するためにも、この静かな状態は必要なものとなる。

　また、現代演劇で訓練として、あるいは創作の過程でしばしば用いられる即興においても、身体の内観に由来する穏やかさを保つことは有効である。演劇のワークショップや創作の現場で即興を用いる場に居合わせた人なら経験のあることだと思うが、即興がはじまるまえにつぎはこうしよう、こうすればこんな効果になるだろう、と思ってしたことは大抵あまりうまくいかない。けれども、身体感覚にまかせてつぎの流れをつくり出したとき、それが思わぬ効果を生みだし、うまくいくということはよくある。「おもしろいものを見せたい」「驚かせたい」という意識は、瞬間的におもしろいものをつくるためには効果的だが、それだけで作品をつくることはむずかしいのである。また、驚かせることに意識が向きすぎているとき、その人のからだというのは大抵こわばっている。からだの余計な緊張は、表現がすんなり伝わることのさまたげとなることがほとんどである。これに対し、心身がリラックスした状態での思いつきというのは、その人自身にとっても思いもかけなかったものであり、かつ、見ていて自然で説得力のあるものとなることが多い。それはごくシンプルなものなのだが、こうしたシンプルさにたどり着くには、ある種の準備あるいは訓練が必要なのである。

このあたりのことは、「変容にさらされる俳優像」という章で、十九世紀末の人々の考えを通じて書いてある。十九世紀末の演劇論について考えるうえで、ボディワークの体験を通じて知ったことと共通するような考えに多く出会えたことは、うれしい驚きであった。こうした驚きがあったからこそ、当時の人々の演劇の現状に対するもどかしさのようなものを理解し、ひとつの形にまとめることができたのではないかと考えている。

そして、体感による理解というのは、からだと心がひとつのものとして添い合う瞬間でもある。ボディワークの実践を通じてもっとも影響を受けたのは、このような理解——あるいは認識——の方法であったのかもしれない。そして、先に書いた演劇における「認知」の体験が独特の鮮やかさをもっているのもまた、それが、このからだと心がひとつになる体感の瞬間と似ているからである。だからこそ、この本は、認知という劇作術における変化と、俳優訓練の基盤となる考え方の変化とのどちらもを扱うこととなった。その瞬間こそ、観劇、ボディワーク、研究というそれぞれの行為に通底する深いよろこびだからである。

フランス演劇にみるボディワークの萌芽◆目　次

# 序　章

# 俳優「の」からだ

# 1　現代演劇におけるフィクション空間の変容

　西洋において、演劇という芸術は時代ごとにさまざまな変化を経てきた。しかしながら、ひとつ変わらない点がある。それは、演劇が目のまえにある「からだ」[1]を見ることによって成り立っているということである。舞台は、我々にある種の存在と直にまみえる時間を与えてくれる。これは、演劇のあり方が多様化するなかで演劇を演劇たらしめるほとんど唯一の条件であり、舞台芸術の特権的な特徴でありつづけるだろう。観劇において俳優を見ることは、日常生活のなかで見知らぬ人をまえにすることとはまた異なる体験である。俳優は、近くて遠く、遠くて近い。目のまえに立って同じ空間を共有しているが、ふれられる距離にはない。ふれられる距離にはないが、よい舞台を見ているときには、そこに出演している俳優をまるで内側から感じたかのような感覚が得られることがある。このような感覚があるときには、観劇は非常に凝縮された対面の経験となり、他の芸術においては味わうことのできない体験を提供してくれる。

　この体験自体は主観的なものに負う部分が大きく、直接論じることは困難だが、演劇を見るうえでこのことはますます重要になっている。というのも、二十世紀がしばしば「演出家の時代」と呼ばれることからもわかるとおり、演劇においては、二十世紀を通じて戯曲中心主義から脱しようという動きがあり、そのために劇空間が大きく変容したからである。戯曲を中心に据え、そのなかで構築されている世界を本当らしく舞台の上に再現しようとするのではなく、あらたな演技法や演出方法が模索され、いわば舞台上の行為の記号としての不透明性に重きが置かれるようになった。舞台は登場人物たちのつくり出す閉じられた架空の世界であろうとすることをやめ、それに伴い、そもそも劇作品においても明確な舞台設定と人物設定によって世界が構築されることが少なくなった。

そのことを端的に示しているのが現代演劇における登場人物の名づけ方だろう。本書で扱う十九世紀末の戯曲でもすでに、登場人物が「父」や「母」、「叔父」、「祖父」、「老人」、「見知らぬ人」といった役割や属性によって示され、名まえが与えられない場合はめずらしくない。さらに二十世紀後半になると、登場人物は、「彼」や「彼女」という表記のみ、さらにはアルファベットの記号のみによって、抽象的に示されるようになる。たとえば、マルグリット・デュラス（Marguerite Duras 1914-1996）の戯曲は、しばしば「彼女 Elle」と「彼 Lui」の会話から成り立っている。また、ナタリー・サロート（Nathalie Sarraute 1900-1999）の『沈黙 *Le Silence*』（一九六四年）というラジオドラマ用の戯曲では、このような登場人物の名まえのレベルのずれがドラマの一要素にさえなっている。少し内容を紹介しよう。この戯曲は、舞台上で演出されたこともあるが、やはりラジオドラマとしてつくるのが効果的な構成になっている。登場するのは、七人の男女である。六人の登場人物はアルファベットと数字で示されているが、残るひとりにだけ、ジャン＝ピエールという名まえが与えられている。しかしジャン＝ピエールだけは、喋らずに黙っている。残りの六人は、はじめはごく普通に会話しているのだが、だんだんとジャン＝ピエールの沈黙が焦燥を生み、会話はぎくしゃくしてしまう。六人がそれとなく水を向けてもジャン＝ピエールは喋らず、六人は次第にパニックに陥っていく――というのがこの芝居の筋書きである。伝統的な台本であれば、よく喋る登場人物ほど存在感が大きくなるというのが普通だろう。しかしここで六人の登場人物は、話しつづけることで、逆に自分たちが声だけの存在にすぎないということをみずから露呈しているかのようである。逆に、彼らがジャン＝ピエールの名を呼びつづけることで、押し黙っているこの七人目の登場人物の存在感は増していく。ラジオドラマとして演じられることで、六人の登場人物の身体性の消失が強調され、その差異がより大きく感じられるという構成になっている。そしてこの声だけの存在としてのよるべなさと、ジャン＝ピエールの実体を伴うかのような存在感は、すでに登場人物の記述法に書きこまれているのである。

さらに一九八〇年代以降の作品になると、ノエル・ルノード（Noëlle Renaude 1949-）やパスカル・ランベール（Pascal Rambert 1962-）、ロドリゴ・ガルシア（Rodrigo García 1964-）、サラ・ケイン（Sarah Kane 1971-1999）らのいくつかの戯曲に見られるように、しばしばハイフンや括弧のあとに台詞が記されているだけで、だれがどの台詞を言うのかすら明記されないことも多い。さらに、普通に登場人物が名まえをもっている場合でも、ひとりの人物に複数のアイデンティティが重ねられていくことによって名まえがつぎつぎ変化することもある。これはヴァレール・ノヴァリナ（Valère Novarina 1942-）やオリヴィエ・ピィ（Olivier Py 1965-）の作品によく見られる現象である。

登場人物についてのこのような傾向は、空間的にもあてはまる。一九八〇年代以降の戯曲では、特に場所が指定されない抽象的な空間が舞台となることが多くなった。あるいは、その抽象的な空間に、同時にいくつもの場所が投影される場合もある。これはつまり、フィクションによって劇空間が保証されることが当たりまえではなくなったことを意味する。そしてそれは、現代の作品を上演する場合に限ったことではない。古典作品が上演されるときにも、戯曲に描かれた空間が忠実に再現されることは少なくなり、裸舞台や黒幕だけでつくられた抽象的な空間がそれに代わることが多くなったのである(2)。こうして、「なにもない空間」が現代演劇の原型のひとつとなった。これは、劇空間がよりむきだしになったことを意味する。フィクションに裏打ちされることなく、そこにある種の空間がつくり出されなければならなくなったからである。劇空間は、まえもって構築されて提示されるものではなく、俳優と観客によってそこに生み出されるものとなったのである。

## 2　劇空間を生み出す俳優の存在の強度

このとき、演劇が舞台上のからだを見る体験であるという側面は強調されることになる。そして、俳優であることは、架空の人物を見事に体現するということだけに還元できなくなっていく。そもそも登場人物の概念そのものが疑問に付されているため、演技のなかの他の要素が表に出てくるからである(3)。俳優であるための条件は、より多様化したと言えるのかもしれない。そのなかでも、空間を日常とは異なるものに変え、演劇特有の対面の体験をつくり出すという俳優のある種の能力は、仮構世界という支えを失った分、ますます重要になってきている。

たとえば、フランス現代演劇の代表的な演出家クロード・レジ（Claude Régy 1923-）の舞台を思い起こしてみるとわかりやすいかもしれない。レジの二〇〇〇年以降の舞台には、俳優はただ舞台上に立ち、身動きもせず詩句やテクストを朗誦しているものが多い。たとえば二〇〇二年に大成功を収めたサラ・ケインの『4・48 サイコシス』の上演［次頁の写真1参照］では、主演のイザベル・ユペールは、舞台手まえで観客に正面を向いて立ち、その場を動くことがなかった。上演のごく一部のあいだだけ、紗幕の向こうにいる人間のシルエットが見えることがあったが、基本的には、舞台は彼女が話しつづけることによって成り立っていた(4)。舞台自体も、紗幕に文字が映し出されるだけのほとんど裸舞台だった。しかしながら、その舞台は、たとえば講演会や、舞台をつかったプレゼンテーションなどの雰囲気とはまったく異なっていた。その雰囲気、さらに言うなら空間性をつくり出していたのは、イザベル・ユペールという俳優のたたずまいである。もちろん、照明効果や紗幕に映し出される映像の効果、観客の期待の地平によるものもあるが、同じ雰囲気のなかでプレゼンテーションをはじめることもでき

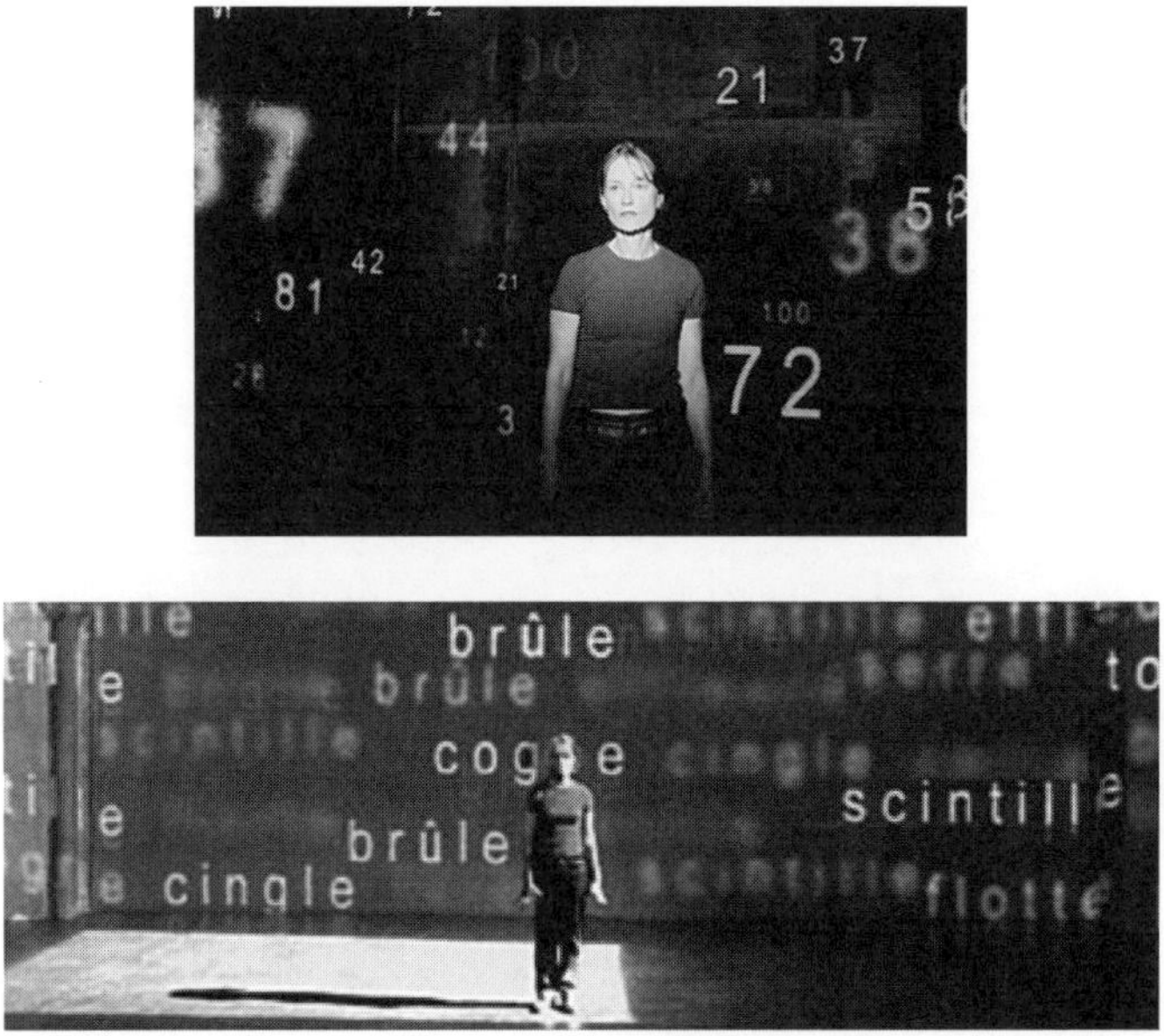


写真1　サラ・ケイン『4.48 サイコシス』
クロード・レジ演出（2002年）

たであろうことを思うと、やはり俳優の存在は決定的な要因である。これは、引き算によって成功したパフォーマンスだった。イザベル・ユペールは、緊張感のある不動の態勢を保つことで、観客と「対峙」しているという雰囲気をかもし出していた。そのことによって、たとえば手をつよく握りしめるという動作が、間近で見ていても二階席から見ていても、高い強度で感じとることができた。舞台装置にしても、物理的な負担を考えなければ、つくりこんでおくほうが楽である。しかし、あえてほとんどなにもつかわないという選択をすることで、劇空間そのものが賭けられているような印象を与えることができる。クロード・レジは、このあとも『海の讃歌』（二〇〇九年）〔写真2参照〕で、俳優が直立したままテクストを朗誦するという舞台立てを試している。このときに用いられたのは戯曲ではなく、フェルナンド・ペソアの詩である。また、二〇〇五年の『ダビデの歌のよう

写真2　フェルナンド・ペソア『海の讃歌』
クロード・レジ演出（2009年）

に』では、直立ではないが、俳優が歩き回りながら詩を読むという形がとられた。このような舞台はレジに限ったことではない。たとえばロシアの演出家アナトーリ・ヴァシリーエフ（Anatoli Vassiliev 1942-）は、二〇〇二年にハイナー・ミュラーの『メディア・マテリアル』を演出し、俳優がずっと座ったままほとんど動かずにテクストを朗誦しつづけるという舞台で大成功を博している。こうした舞台を体験すると、伝統的なフィクション空間ではないにしても、そこには独特の「劇空間」が立ち上がってきていることがわかる。そしてこの空間性は、先ほども述べたように、俳優に拠っている部分が大きい。だとすれば、日常とは異なる対面の体験を可能にするようなある種の存在感をもつことこそ、どのような舞台においても俳優に求められる条件となるのではないだろうか。捉えにくいものではあるが、この独特の存在のあり方について少し考えてみよう。

## 3　演者の存在のゆらぎ

まず、俳優の存在感を特殊なものにしている要素として、舞台上の演者に特有の存在のゆらぎが考えられる。これは、ある人間が別の人間を演じるという構造に起因したものである。我々が舞台上に見るのは、物理的には俳優のからだである。しかし観客は、そこに登場人物のイメージをいくらか投影させている。その投影の度合いは、それぞれの観客によって、そして同じ受け手でも芝居のそれぞれの瞬間により異なる。またそれは、作品そのものによってもある程度規定される。素朴な意味でのリアリズム劇であれば、物語が佳境に入るにつれ登場人物と俳優を同化する傾向が高まるだろうし、俳優のモデルを「集まった人たちに事故の様子を実地教示する交通事故の目撃者」[5]とするようなブレヒト（Bertolt Brecht 1898–1956）の叙事的演劇であれば、そのような同化はほとんど起こらないだろう。

どのような場合にせよ、舞台上のからだをひとつの一様な存在として捉えることはほとんど不可能である。これは、登場人物と俳優がどちらも自立した存在ではないためである。戯曲の登場人物は俳優の身体なしには十全に「存在」することはできないし、俳優には舞台に立つための一定の拠りどころが必要である。[6]だからこそ、我々が舞台上に見る身体は登場人物でも俳優でもなく、同時にどちらでもあるものとなることができる。このような演者の存在のゆらぎは、現代演劇においては劇の題材となることもある。[7]ひとつの身体のなかでさまざまな状態が現れては消えたり、相克したりしながら混在しているさまは、それ自体がひとつのドラマなのである。

また、このような独特な存在のあり方には別の側面もある。我々観客の側から考えると、登場人物という一種の「隠れ蓑」があることによって、俳優を無遠慮に凝視できる部分がないだろうか。観劇体験のエロティックな要素を指摘する論者もいるが、(8) 程度の差はあれ、俳優の肉体に見惚れることは、観劇においてひとつの重要な要素であることに違いはないだろう。このとき俳優が素のままでそこにいれば、遠慮や気まずさが生じ、そのからだをじろじろとは見にくくなってしまう。しかし、俳優を登場人物と同化して考えることで、目のまえにあるはずのからだは一種架空のものとなり、我々観客は安心して無遠慮になることができる。逆説的だが、架空の存在と捉えることで、かえってしっかり見ることができるのである。そしてまた興味深いのは、架空の人物であることに油断して見ていたら、登場人物を演じる俳優が思わぬ生々しさでもって立ち現れ、生身の人間としての対面を要求してくる瞬間もあることである。このようなことが起こるのには、演者の存在の二重性により、俳優と観客のどちらもが存在の内的な部分への感受性を絶えず刺激されていることが一因となっていると考えられる。俳優の存在感は、演劇性の大きな源泉となっているのである。

## 4　俳優のための身体術

しかし、俳優の独特の存在感は、こうした演者の存在の二重性だけでは説明できない部分もある。それはすでに述べたように、劇が必ずしもフィクション空間を前提とするわけではなくなったからである。そうなれば、俳優が舞台にいるたたずまいそのもの――俳優の身体性の与える印象――もやはり考慮に入れなければならない。ここで注目したいのは、舞台において存在感があるということは、派手な動きをするかどうかとは無関係であることが多いということである。近年のクロード・レジの舞台が示しているように、不動の状態のもつ緊張した存在感もあるし、我々の日常の所作と変わらないような動きをしながらも妙に生々しい存在感が立ち現れてくることもある。こうした上演に立ち会うと、俳優特有の身体性について考えさせられる。

しかし、舞踊におけるダンサーの場合と異なり、俳優のからだを「つくる」ということはこれまでに明確に理論化されてこなかった。もちろん、ダンサーのからだをつくるということに関しても明文化できない部分が多いのは確かだろう。とはいえ、身体の可動域をひろげ、柔軟性とそれを支える筋肉を育てるための一定の身体訓練はある程度確立していると言える。これに対して俳優のからだということになると、芝居によっては日常の所作から逸脱した動きを特に必要としない場合もあるため、俳優特有のからだを「つくる」ことが意識されない場合すらあり、まだこれから明らかにしていかなければならない点が多い。

こうした状況を受けて本書でこれから明らかにしていきたいのは、俳優特有のからだとは一体どのようなものかという問題である。二十世紀になり、イェジー・グロトフスキー（Jerzy Grotowski 1933-1999）やユージェニオ・バルバ（Eugenio Barba 1936-）、ジャック・ルコック（Jacques Lecoq 1921-1999）など、身体訓練に重きを置いた演出家たちがつぎつぎと登場してきた。しかし彼らの非常に興味深い試みにもかかわらず、俳優のからだをつくるという考えは、いまだ明確な輪郭を与えられていない。それはおそらく、それぞれの試みが独立しており、その共通点を探る作業がまだ充分におこなわれていないためだと言えるだろう。(9) そもそも、一口に「演劇」と言っても必要とされる身体性にかなり幅があることも一因となっていると考えられる。そしてこうした状況は、身体訓練術が俳優にとって重要になった契機が明確に分析されてこなかったことも原因なのではないだろうか。『二十世紀俳優トレーニング』の序言でも指摘されているように、この契機として重要なのは、近代的な意味での演出家が登場してきた十九世紀末である。しかしながら、この時代の状況について、二十世紀に発展した俳優訓練術の源泉を見るという視点から分析がおこなわれたことはこれまでなかった。そこで本書では、現代的な俳優訓練術の起源としての十九世紀末の演劇論を探ることで、これまでばらばらに捉えられていた俳優のための身体訓練術の共通点を浮き彫りにし、俳優に求められる身体性の諸相を抽出する基盤としたい。この序論では、具体的な状況に立ち入るにあたり、まず十九世紀末という時代に注目する理由を三点説明していく。

## 5 「ドラマの危機」と演出の誕生——十九世紀末という時代①

十九世紀から二十世紀への世紀転換期が、ヨーロッパの現代演劇を理解するうえで重要な転換点にあたるということは、現代演劇研究においてはすでに共通理解になっている。[10] そしてそもそも大きな転機を迎えていたのは演劇ばかりではない。この時代は、山口庸子が述べているように、「表象の危機」や「自我の危機」など、絶対的なものの喪失に端を発するさまざまな危機に応答するために大規模な「記号システムの再編」がおこなわれた、芸術や思想にとって重要な変革の時期である。[11] このような観点から十九世紀末の劇作術の変容に注目し、それを「ドラマの危機」として理論化したのがドイツの美学者ペーター・ションディである。[12] ただし、この「ドラマの危機」が、この時点では必ずしもフィクションの危機と一致していたわけではなかったこともここで指摘しておこう。この時期のドラマの変容が、劇の構造を揺るがすものであったことは確かだが、まだそこでは登場人物とある種の劇的状況が保たれていたからである。しかしながら、このドラマの捉え方の変化が、フィクション空間の崩壊の端緒となったことは、ションディの理論を引き継いだハンス＝ティース・レーマンによっても示されている。[13] このようにして、「ドラマの危機」の理論は、一方では一九七〇－九〇年代の舞台芸術におけるさまざまな実験的試みを扱ったレーマンに引き継がれ、他方ではフランスにおける演劇テクスト研究の基盤となっている。[14] しかし、ここにはひとつの欠落がある。それは、ションディの理論を出発点として、「ドラマの危機」の時代——十九世紀末——の舞台上の実践を問題にする視線があまりないことである。[15] もちろんこれには資料上の困難もある。しかし、「記号システムの再編」という視野から演劇を検討するとき、演技論は非常に重要な論点である。というのも、この思想潮流の転換点において重要な役割を担うのが身体であり[16]、身体へのアプローチを核としてつくられていく俳優訓練術は、その問題の中心を引き受けることになるからである。

また、この時代が現代演劇にとって非常に重要なのは、それが「ドラマの危機」と呼ばれる劇作術の変容の時期であると同時に、上演のレベルにおいても大きな変化があった時期だからである。というのも、近代的な意味での演出家が登場し、その演出家がひとりで上演の責任を担うようになるのが十九世紀末なのである。それ以前にも舞台監督や現場の人間が演出家的な役割をそのときどきで果たすことはあった。また、十九世紀前半からは劇作家の上演への介入もさかんにはなるのだが、これらは各場面をどう演じるかのレベルにとどまっていた[17]。しかし、十九世紀末に演出家の役割は独立したものになり、作家とは別の人間がひとりで演出を担うことによって、作品を全体としてどう見せるかという、より総合的かつ抽象的な視線が誕生することになったのである。そのことにより、二十世紀演劇は大きく変容を遂げていくことになる。そして、舞台をショーではなくひとつの「作品」とするために、演技の面では俳優のカリスマ性に全面的に頼ることがいったん否定され、白紙に戻った状態からいかに演技を構築していくかが問題になった。このときにそれまでの俳優のどのような点が問題になり、あらたにどのような俳優が求められたのかを検討することは、現代演劇のあり方を問うために必要不可欠なのである。

## 6　潜在的なものへの興味——十九世紀末という時代②

このとき、変化の方向性をつくっていくのが当時の思潮である。すでに述べたように、十九世紀末は言語や知覚の「危機」の認識からくる美学的な転換期となっている。この転換期に注目するのは、それが演劇と密接に結びついたものだからである。というのも、この「危機」の意識は、人間に関する知覚の変容、つまりわたしたち自身についての知の変容に由来し、俳優についての考え方に大きく影響を与えることになるからである。

この変容の最初の大きなできごとは、一八五九年のダーウィンの『種の起源』の出版にさかのぼる。また、その数年まえの一八五六年にはネアンデルタール人の頭蓋骨が発見され、歴史上初めて科学調査の対象となった。この頭蓋骨は「人類の起源として発見されながらも、その非人間的な形体ゆえに、人間と猿の境界を揺るがす異質な存在として表象」されていくことになる。[18]このようにして、生物学の進歩により動物と人間の連続性が明らかにされ、人間は神の似姿としてつくられた優れた生物としての自負を決定的に奪われることになる。

そしてこうした人間の非神話化は、人間の内的感覚を物理的に把握することと軌を一にしていた。それは電気生理学や神経生理学の発展[19]や、実験音声学や実験心理学の成立[20]に見られる。これらは、我々の物理的運動や心的動きの潜在的な側面を明らかにしようとする試みであり、人間の感覚の本人にさえ自覚されていない部分を把握することを目ざしている。つまりそれは、人間の内的感覚によって形づくられるこれまでとは異なるレベルの内面性への興味を背景としているのである。ここで注目したいのは、このような試みにおいて、視覚化が非常に重視されたという点である。たとえば、ジャン＝ピエール・ルスロ（Jean-Pierre Rousselot 1846-1924）は、声の構造を記録するのに図画による方法を採用した。調和音や不調和音についての実験的研究においても、我々に快や不快を与える隠れた構造を明確にすることが目的にされたのである。筋肉や神経の反応もまた、この視覚化の対象にされた。これはたとえば、エティエンヌ＝ジュール・マレー（Étienne-Jules Marey 1830-1904）の筋肉運動のグラフィック化に見られるものである。つまり、これらは我々の生の活動の、わたしたち自身も知らない潜在的な構造の発見なのである。ある意味では、これらは我々の意識を逃れるものを視覚化しようとする試みだと言える。

ここには二つの逆説がある。第一の逆説は、潜在的なもの――見えないもの――にアクセスするために、むしろ視覚化が極端に推し進められているということである。グラフ化の発展やマレーによる動体写真がこの文脈に位置づけられるだろう。第二には、潜在的なものの探究が、逆に我々がいかに物質的な条件に規定されているかを明らかにするということである。内的あるいは無意識的な感覚の研究は、我々の魂の奥底や存在の神秘への興味に端を発しているにもかかわらず、人間の情動が物理的なものによってつくり出されたものであることを解明することによって、皮肉にも、人間をこれまでになく動物に近づけることになるのである。そして同時に、感覚・感情と物理的なものとの結びつきを認識することにより、精神と肉体、非物質的なものと物質的なものとの関係は大きく揺さぶりをかけられることになる。このような過程によって、我々はそれまで劣ったものとして考えられがちであった肉体や物質的なものの精神活動への影響力に気づきはじめることになるのである。それは、意識のあずかり知らぬ領域の探究への出発であった。哲学者としての視点からマリオネット演劇にアプローチしたクロード・ゴーダンは、十九世紀から現在に至るまでの人間の像について、「人間についての認識は、意識の圧政を追い出すことによってしか進歩してこなかった」[21]と語っている。十九世紀末を端緒とする人間の像の再構成が意識から逃れるところでおこなわれるのであれば、それは知覚・自我・言語の危機を必然的に伴うことになり、その結果として芸術もあらたな表現方法を模索しなければならないことになる。

そのときに鍵となるのが、先に挙げた二つの逆説である。これから見ていくように、不可視なものの追求をむしろ可視化を極端まで推し進めることによっておこなうことと、内面的な感覚を求めることによってかえって物質主義へと向かっていくことという二つの状態は、十九世紀末の芸術の状況をよく表している。本書では、まず戯曲レベルの分析を通じてそのことを検討しながら、この逆説によって生まれるあらたな美学を抽出していきたい。というのも、戯曲に表れている人間という存在の捉え方の変化が、あらたな俳優観が形成されるうえで大きな影響を与えるからである。

また、このような逆説によって光を当てることにより、十九世紀末の主要な文学流派であった自然主義と象徴主義のあらたな面を引き出すことが可能になる。というのも、のちほど本論で詳細に検討するが、二つの逆説は自然主義にひそかに息づいている内面的な探究の側面と象徴主義者たちの精神的探究の即物的な側面とにそれぞれ対応することになるからである。そして十九世紀末の演劇の状況は、自然主義と象徴主義が交錯する場になっていたという点で、このことを検討するのに興味深い材料を提供してくれる。最後にその状況を説明して本論に入りたい。

## 7　自然主義と象徴主義の交錯——十九世紀末という時代③

文学においては時期的に明確に区別される自然主義と象徴主義は、演劇においてはほぼ同時期に展開した。自然主義演劇の拠点と言われたアンドレ・アントワーヌ（André Antoine 1858–1943）の自由劇場 Théâtre Libre の創設は一八八七年、これは自然主義文学の行き詰まりが語られだした時期であり[22]、一八八六年の象徴主義宣言[23]よりもあとのことである。そのため、演劇が「自然主義と象徴主義の交差点 carrefour naturalo-symboliste」[24]となる状況が生まれた。こうして、自然主義演劇の拠点と見なされた自由劇場においては、自然主義の作品だけではなく、テオドール・ド・バンヴィル（Théodore de Banville 1823–1891）やオーギュスト・ド・ヴィリエ・ド・リラダン（Auguste de Villiers de L'Isle-Adam 1838–1889）、そして「自然主義の敵」[25]とも呼ばれたエミール・ベルジュラ（Émile Bergerat 1845–1923）の戯曲が上演されている。また、現在にも名を残している唯一の象徴主義劇作家であるモーリス・メーテルランク（Maurice Maeterlinck 1862–1949）は、もともとはアントワーヌに自分の作品の上演を依頼していた。このときのメーテルランクの熱意はかなり激しく、ほとんど驚くべきものであった[26]。さらには、ステファヌ・マラルメ（Stéphane Mallarmé 1842-1898）も自由劇場に戯曲を書く約束をしていたことがフランシス・プリュネールの熱心な実証的研究で明らかになっている。(27) このように、一八八七年から一八九〇年ごろまでは、上演レベルではさまざまな作品が入り乱れていた。

このような状況には、演劇における自然主義と象徴主義の時期的な重なりだけにとどまらず、もともと自由劇場が当時隆盛を誇っていたウェルメイド・プレイに反発して活動をはじめたという経緯が関係している。それに加え、自然主義と象徴主義のどちらもが劇作家に恵まれなかったことも要因になっていると考えられる。あらたな演劇を担う作家を探してさまざまな作家の作品を上演した結果、このように折衷的なプログラムが組まれるようになったと推察できるからである。

十九世紀末は、このように一般的に思想的に相容れないとされる二つの流派が活発に交流しながら、あらたな演劇の探究がおこなわれた時代である。そのことによって、さらにはそれが前述したような潜在的なものへの興味が高まった時代と重なっていることによって、自然主義の特徴も象徴主義の特徴も併せもつような劇作品も生まれた。本書では、当時の思潮も考慮に入れながらこのような作品を検討することで、俳優訓練術においてボディワークが要請される背景を浮き彫りにしていく。

## 8 「無意識」の概念

以上のように、十九世紀末、演劇はドラマの危機と演出の誕生という大きな変容の時期を迎えていた。しかも二つの変化が同時に起こってきたために、劇作術と上演術が互いに影響し合いながら変貌していく興味深い状況が発生することになる。それに加え、この時期には人間についての認識が心理学や生理学の展開によって大きく揺るがされていた。人間についての認識の変化は、登場人物と俳優についての考えに影響を及ぼしていくことになる。本書が企図するのは、身体をもって精神性を表現する俳優を軸に読み解いていくことで、十九世紀末という時代の刺激的な様相を浮き彫りにすることである。そのための鍵となるのが「無意識」の概念である。

ただし、ここで問題になる「無意識」は、フロイトによって二十世紀の訪れとともに発表され、展開されていく無意識概念の萌芽のようなものであり、現在我々が言う無意識とは必ずしも一致しない(28)。これについてはのちほど詳述するが、本書における「無意識」は、先ほどふれた感覚の潜在的な構造や、我々の決断や行動に知らぬまに影響を及ぼしている隠れた情動のことを指すものとする。自然主義と象徴主義をつなぐのもこの「無意識」であり、これはまた二十世紀を通じて発展していく俳優訓練術において重要な軸になるというのが筆者の考えである。また、この「無意識」は、劇作術と俳優観のどちらにも関わっているという点で、論の導きの糸になる。

以上をふまえて、本書では次のような構成のもとに考察を進めていく。

まず、文学・演劇理論や特徴的ないくつかの作品を分析しながら、十九世紀末の劇作品において内面性のレベルが変化したことを詳らかにする。そしてこの結果をもとに、「無意識」が劇の筋の中心に据えられることによっていかに演劇概念自体が変貌したかを明らかにする。続いてとりあげるのが、十九世紀末の演劇論や舞台上でのさまざまな模索である。ここでは自由劇場や芸術劇場、制作劇場といった演劇の革新の舞台においてプロの俳優が敬遠された理由が「意識」であったと仮定し、あらたな演劇を担う俳優たちが「意識」と「無意識」とどのような関係を結ぶべきだと考えられていたのかを読み解いていく。このとき、演技における「意識」と「無意識」を考えるための補助線として、当時注目されたジャンルでもある人形劇とダンスにおける「からだ」のあり方を考察する。この二つの補助線は、十九世紀末の演劇人たちの夢想と現代の舞台上での俳優の現実をつなぐことにもなるだろう。

# 第1章

## レトリックからスペクタクルへ

### 十九世紀末フランスにおける演劇の状況

## 1　視覚芸術としての演劇へ

本論をはじめるまえに、十九世紀末のフランス演劇がどのような状況であったかを概観してみよう。この時代が現代演劇の源流となるような演劇の革新の時期であったことはすでに序章でふれた。しかしこれとは一見矛盾するようにも思えるかもしれないが、実は十九世紀末というのは、商業主義演劇が完成した時期でもある。

このきっかけをつくったのがロマン主義である。ロマン主義演劇の舞台装置の資料をまとめたバリー・ヴィンセント・ダニエルズは、十八世紀の演劇観は「俳優が言葉を届ける」というものだったが、ロマン主義の台頭とともに、演劇を総合芸術として捉える傾向がつよくなっていったことを説明している。[29]といっても、この段階ではまだ作者や俳優や舞台装置家がそれぞれの意見を出し合うという形であり、ひとりの人間がまとめるということはなかったようだが、舞台装置や衣装が、舞台を準備するうえで非常に重要な役割を担うようになったことは確かである。十九世紀前半の舞台装置家たちが、外国に学んだりしながら、さまざまな機械仕掛けを工夫したりしている様子は、マリー＝アントワネット・アレヴィーの著書からも窺える。[30]この刷新は、十九世紀のはじめの二〇年間に、まずはオペラやメロドラマを上演するうえでおこなわれた。その少しあとになると、ヴィクトル・ユゴー（Victor Hugo 1802-1885）やアルフレッド・ド・ヴィニー（Alfred de Vigny 1797-1363）のように、舞台装置に重点を置く作家も登場してくる。このような傾向は、ドゥニ・ディドロ（Denis Diderot 1713-1784）が美術用語である「タブロー（絵画）」を演劇用語として用いて、舞台を視覚的に構成することの重要性を明確に打ち出した系譜に位置づけることも可能だろう。どちらにしても、ダニエルズがこの一節でマーティン・メイゼルの「レトリックの伝統のものであったドラマトゥルギーが、十九世紀初頭に視覚的なものになった」という指摘を引きながら明らかにしているように、実際の舞台が、舞台装置も含めた大がかりな意味でタブローの方向性へ向かったのがこの時期であることは確かだろう。そしてそれは舞台を一枚の静止図として完成させることにとどまらず、雨や火山や霧といった動く自然現象を舞台上で表現しようとするといった発展をみせ、スペクタクル性を高めていった。

　その後一八三〇年代になると、歴史劇が流行することにより、この傾向はさらに推し進められることになる。舞台が、衣装や舞台装置を含めた一大スペクタクルになっていくのである。こうして、ロマン主義をきっかけに考え出された劇場のさまざまな機械仕掛けをまとめた本なども出版されるようになった[31]。また、歴史劇の上演は、当時の東洋的なものの流行とも呼応するものであり、世紀末になっても大がかりな歴史劇の上演は続けられていた。とりわけ一八八四年のポルト・サン＝マルタン座でのヴィクトリアン・サルドゥー（Victorien Sardou 1831-1908）の『テオドラ *Théodora*』の上演は、舞台も衣装も非常に豪奢なものであった〔写真3、次頁の写真4参照〕。このような舞台は、スター俳優の偶像視を推し進めることにもなった。このような劇で主役を演じていた俳優たちは、「聖なる怪物」とまで呼称されるようになったほどである。『テオドラ』に主演したサラ・ベルナール（Sarah Bernhardt 1844-1923）はその最後のひとりにしてもっとも有名な大女優だが、この舞台装置の一部とさえ言えるようなこの衣装は、現在見ても圧倒

写真３　サラ・ベルナール（『テオドラ』1884年）

写真4　サラ・ベルナール（『テオドラ』1884年）

されるようなきらびやかさをたたえている。

このように、フランス演劇は、十九世紀を通じて言葉の鑑賞というよりもスペクタクルとしての要素をつよくしていった。そして、演劇が総合芸術として構想されることで娯楽性を高めていったことは、演劇がひとつの産業となるうえで非常に重要な要素であった。

## 2　商業演劇の完成

フランスで演劇が産業として成立したのは、十九世紀後半のことである。フレデリック・ウィリアム・ジョン・ヘミングスは、この過程を、消費市場である観客、労働力としての俳優、第一生産者としての劇作家という三つの要素の分析によって説明し、近代産業としての商業演劇の成立を描き出している(32)。ここで簡単に、それぞれの変化を見てみよう。

市場の拡大は、とりわけ十九世紀後半の現象である。それは、上演の公演回数に端的に表れている。七月王政下（一八三〇―一八四八）では、ひとつの公演は四〇回も続けば充分とされていたし、六〇回ともなれば成功と見なされていた。しかし、一八五〇年代も後半になると、公演が一〇〇回まで到達しないものは失敗だと考えられるようにさえなった。これは、一八四〇年代の鉄道の急速な発達によって、地方から観劇に来る人数が増えたことも関連している。しかしパリの住民だけでも、一八八八年の調査によると、五〇万人が少なくとも週に一度は芝居を観に行くようになっていたようである。さらに、少なくとも月一回は観劇に行く人数となると、パリだけで一〇〇～一二〇万人にのぼった(33)。また、一八六四年に政府が劇場の数を制限するのをやめたのも、市場の拡大に寄与した。それ以降劇場は、一八二八年に比べると倍以上の二三を数えるようになり、さらにその収入は四倍以上になったからである。当時の劇場規模は、だいたい一二〇〇～二〇〇〇人を収容できるものであり、客席が一六〇〇前後のものが大多数だった。また、客席が一〇〇〇に満たなかった劇場も、十九世紀後半になってから改装をして客席を増やしたものが多い(34)。現在のオデオン座とコメディー・フランセーズが、設備の近代化のための改装によってではあるが、八〇〇～九〇〇席になっていることを考えると、この当時の劇場のにぎわいの大きさを想像できる。

このような状況は、地方からの観劇者の増大だけではなく、労働者階級のあいだで観劇が日常的な娯楽として定着していったことに負う部分も大きい。十九世紀初頭の政変に伴い、労働者のために定期的におこなわれていた無料公演が中止されたり再開されたりと不安定なものになったことが、労働者たちの観劇意欲をかえって刺激したのである。通称「犯罪大通り Boulevard du Crime」と呼ばれたタンプル大通りに乱立する劇場が、こうした需要の受け皿となった。彼らは、仕事が終わると、その日の演目を特に確認することもなく劇場に押しかけ、芝居に見入ったのである。そもそも無料公演のころから、彼らが非常に集中力の高い優れた観衆であったことが報告されているが(35)、彼らの芝居への感情移入はときに激しいものでもあったらしい。悪役を演じた俳優は、裏口から出ないと危ないということが、当時の常識となっていたほどである。

また、観客や客層の拡大に貢献したと思われるのが、広告手段の変化である。この点で、十九世紀初頭のフランスは、ヨーロッパの他の国に比べると大きく遅れをとっていた。というのも、パリのポスターはサイズも掲示場所も政府によって決められており、印刷もモノクロに限られていたからである。紙の色だけはさまざまだったが、それも劇場ごとに定められていた。文字だけの地味なポスターが、現在の広告に近いものになっていったのが一八三〇年代以降のことであり、このころからサンドウィッチマンのような、ポスター以外の広告媒体も用いられるようになった[36]。このような広告手段の拡大により、チケットを買うために劇場に列をつくるという光景も見られるようになった。ヘミングスによれば、そもそもパン屋以外の列に並ぶという現象そのものが革命以降のものであり、それも頻繁に見られるようになったのは十九世紀も半ばを過ぎてからのことであるらしい。

ポスターが商業的なものになることは、スター俳優システムに拍車をかけることにもなった。もちろんそれまでにも名優の人気は大きかったが、ポスターによって、その俳優の姿絵と名まえが大きく示されるようになると、観客が俳優目当てに観劇に行くことがますます多くなったのである。このポスターに印刷される名まえの大きさは俳優も気にしていたらしく、劇場との契約のなかでも重要項目になっていた。これについては、多くの人気俳優と契約を得るために、名まえを一番に載せるという契約を、複数の俳優としてしまったまぬけな劇場支配人の話など、さまざまなエピソードが残っている[37]。

また劇作については、ある程度わかりやすく、観客が適度にはらはらできるようなものが好まれるようになった。このために、多くの伏線とともに筋がうまく構成され、最後はそれらの伏線がすべて回収されるとともに大団円を迎えるような作品が数多く書かれるようになった。これは劇作品のひとつのジャンルをなすようにもなり、その名も「よくできた劇」――「ウェルメイド・プレイ pièce bien faite」と呼ばれるようになった。このジャンルは、ウジェーヌ・スクリーブ（Eugène Scribe 1791-1861）によって成立されたと言われる。十九世紀後半になると、エミール・オージエ（Émile Augier 1820–1889）、アレクサンドル・デュマ・フィス（Alexandre Dumas fils 1824–1895）、ヴィクトリアン・サルドゥーがウェルメイド・プレイの三巨頭として、上演される作品の大多数を占めることになる。こうしてウェルメイド・プレイが演劇作品の主流となり、スター俳優の華やかさ、舞台の美しさを見せるために充分な程度に「うまく」できていればよいという考え方のもと、戯曲が量産されるようになった。リュース・アベレは、このような状況を要約するものとして、当時の劇作家ラウール・トシェ（Raoul Toché 1850–1895）が「戯曲が唯一しなければならないのは上演の邪魔にならないことである」と述べ、成功のためには人気のある俳優と心地よい音楽と美しい衣装とよくできた装置さえあればいいと考えていたことを伝えている。また、トシェがヴォードヴィルの感想として「あらゆる誤解や取り違えがあって……しかし筋はというと、それは忘れてしまった」と言っていたことも象徴的である[38]。

このようにして、十九世紀という一世紀のうちに演劇は「産業」としての形をととのえていった。しかし、それが完成する十九世紀末は、商業演劇としての完成期であるとともに、その翳りが見えてきた時期でもあった。というのも、映画や歌などの、より採算のとれる娯楽が登場してきたからである。十九世紀末に演劇が娯楽作品ではないあり方を模索するようになったのには、本書で中心的に扱うような内在的な要因だけではなく、このような外面的な要因も関係していたと考えられる。そしてこの模索にあたっては、演劇が商業化していった初期からすでにあった、商業演劇への反発が大きな方向性を決めていくことになる。

## 3　商業演劇に対する反発

すでに一八三〇年代から、演劇が産業になっていくことに対する反発はあった。フランスでは、産業と芸術が正反対のものだという考え方が根づよかったからである。たとえばテオフィル・ゴーティエ（Théophile Gautier 1811–1872）は、演劇の商業化を早くから嘆いていた。またヘミングスは、ゴンクール兄弟（Edmond de Goncourt 1822–1896 et Jules de Goncourt 1830–1870）が稽古を見るために劇場に入り、そこで大勢の人間がうごめくさまが巨大な工場のようで呆然としたという事実を伝えている。(39) 実際、もし劇場が急に閉鎖されれば、何千人もの人が路頭に迷うという状況だったというから、ゴンクール兄弟の印象もまんざら勘違いとも言えまい。

世紀末になると、商業演劇に対する反発はより明確な形をとるようになっていった。こうした流れから出てきたのが、本書で扱う自由劇場や芸術劇場、制作劇場である。これらの劇場は、あらたな演劇形式の模索であると同時に、商業主義に堕してしまった演劇を本来の形で復権させたいという思いを基盤としている。だからこそ、ここで見てきたような大劇場の芝居に向ける視線は冷ややかである。たとえば、自由劇場で劇作家としての活動をはじめたジャン・ジュリアン（Jean Jullien 1854–1919）は、演劇がすっかりアメリカナイズされ、プロデューサーが観客の受けをねらって作品づくりに口出ししている状況をはっきり批判している。(40) さらに、芸術劇場の上演に賛同し、象徴主義の劇理論を打ち立てようとしていたカミーユ・モークレール（Camille Mauclair 1972–1945）の口調はより辛辣である。彼は、芝居が単なる気晴らしの娯楽になっていること、劇場がもはや商業施設であることを指摘し、芸術に興味のある人間は、もう演劇には興味をもてなくなってしまったのだと嘆く。また、劇作家についても、人気はあっても芸術家とは言えず、もはや小説家と同列には語れないのだと述べるのである。さらに、先ほどふれたサラ・ベルナール主演の『テオドラ』のような舞台についても、衣装と舞台装置を見たら、演技を見なくてももう芝居を見たようなもので、その観劇体験は芸術にあるような精神的な満足をもたらすものではなく、目の保養になるにとどまるだけだと批判している。(41)

このような、商品としてわかりやすい魅力があり、観客に迎合するような作品に対する不満が、これから見ていく自由劇場、芸術劇場、制作劇場の活動の原動力となっていくのである。ここで、この三つの劇場がどのように出てきたのかを簡単に見ていこう。

## 4 自由劇場の誕生

まず、十九世紀末のフランスで演劇の革新の大きなきっかけになった自由劇場 Théâtre Libre の誕生から見ていこう。自由劇場の初回公演がおこなわれた一八八七年三月三〇日という日付は、近代演出の誕生の瞬間として演劇史に刻まれている。しかし実際のところ、このできごとはそのような事実から現在想像するよりもずっと小規模なものだった。自由劇場の主宰者となったアンドレ・アントワーヌは当時ガス会社に勤めており、自由劇場とは、アントワーヌが同僚の誘いで稽古の様子を見に行ったアマチュアサークル「ル・セルクル・ゴーロワ Le Cercle Gaulois」の延長だったのである。それがアントワーヌの情熱により、自然主義の作家で「メダンの夕べ」のメンバーであるポール・アレクシ（Paul Alexis 1847–1901）やレオン・エニック（Léon Hennique 1850–1935）を巻きこむことに成功し、結果的に自然主義演劇の発表の場となった。しかし、エミール・ゾラ（Émile Zola 1840–1902）の名まえがプログラムに載るに至り、文学論争に巻きこまれるのを嫌うサークルのメンバーが参加を拒絶しはじめた。そこでアントワーヌは、準備していた公演をすべて自分の責任でおこなうことに決め、そのあらたな劇団名として「自由劇場」という呼称が誕生したのである。

こうしてアントワーヌは自由に活動できるようになったのだが、同時に上演のための費用もアントワーヌひとりでまかなわなければならなくなった。また、稽古場として居酒屋を借りる代わりに、参加者は全員そこで夕飯をとるという約束になったが、その夕食代もすべてアントワーヌが、借金をしながら支払っていた。それでもアントワーヌは、自由劇場の初回公演をあきらめず、尽力しつづけたのである。

このような過剰なまでの情熱が、多くの芸術家たちを巻きこみ、アマチュアサークルの活動を、演劇界全体に影響するものにまで変化させていったのである。アントワーヌの文学と演劇に賭けた情熱は、生涯を通じて非常に大きなものだった。そもそも彼は貧しい家庭に生まれて、満足な教育を受けてこなかった。しかし文学につよい興味を示し、学生時代は昼食代をけずりながら本を購入したり、書店で働きながら芸術に対する関心を広げていったりした。劇場に通えるようになったのは働きはじめるようになってからだったが、通いはじめると、ほとんど毎晩劇場に出かけるようになった。さらにはそれが高じてエキストラを演じるようにもなり、有名な作品の台詞はこの時期にほとんど覚えてしまった。こうして演劇を志すようになり、コンセルヴァトワールを受験するが、これは失敗する。その後は兵役とサラリーマン生活によって空白期間があるのだが、同僚の誘いによって軽い気持ちでル・セルクル・ゴーロワの稽古を見にいくと、そのままそこの代表者となり、演劇の世界にどっぷりはまってしまった。アントワーヌは、なんらかの明確なヴィジョンがあって演劇をはじめたというよりも、演劇に熱中し、目のまえにやってきたことをすべて受け入れてきた結果、演劇の革新者となっていった部分がある。やりはじめたら自分の生活は多少犠牲にしても最後までやりきってしまうこのアントワーヌの性質は、後年の作家や演劇人たちとの衝突の原因ともなっているのだろうが、同時にこの過剰さがなければ、この時代に演劇界の動きが大きく変わることはなかったのかもしれない。演劇の革新を望んで演劇論を書いたゾラも、カミーユ・モークレールも、演劇を変えてくれるような劇作家を望みこそすれ、それが行動に反映していくことがあまりなかったからである。(42)

ともかくも、こうしてなんとか初回公演を終えたアントワーヌは、ふたたび公演を企画する。はじめのうち公演をおこなっていた劇場は、ル・セルクル・ゴーロワがつかっていたもので、客席が三五〇ほどの小さなものだった。俳優に手がとどくかもしれないと思わせるほどの規模だったらしい。しかし、二回公演のうちの一回は、三〇〇人ほどの演劇や文学関係者、新聞記者を招待していたため、そのままでは上演費用を稼ぐことはできなかった。そこで一八八七年一〇月からは、客席が一二〇〇ほどあるモンパルナス劇場 Théâtre Montparnasse に拠点を移した。こうして、一八九〇年になるころには、自由劇場の収入はオデオン座やヌーヴォーテ座を上回るようになり、ヴォードヴィル座やジムナーズ座、パレ＝ロワイヤル座と肩を並べるくらいになっていた。しかし、結局は経済的な問題のために、一八九四年一〇月のローマ公演を最後に自由劇場は活動を停止することになった。

とはいえ、自由劇場の七年間にわたる活動が与えた影響は大きなものだった。それまでの商業演劇とも、アマチュア劇団の演劇とも異なる世界を切り拓くことになったからである。実際、その活動の成果は、自由劇場の公演自体だけというよりも、演劇界に与えた影響という意味で大きいものだったのかもしれない。自由劇場のメンバーのひとりであったアドルフ・タラッソ（Adolphe Thalasso 1858-1919）は、自由劇場のおかげで、それまでの戯曲を書くための規則にとらわれずに自由に書けるようになったという意見があったことを紹介している。[43] また同じ箇所で、作家のジャン・アジャルベール（Jean Ajalbert 1863-1947）も、自由劇場の影響は「アントワーヌ流派」ができたということではなく、どんな流派も、どんなジャンルも認められるようになる素地ができたということにあると述べている。[44] つまり、自由劇場の活動のおかげで、自由劇場の中心メンバーをなしていた自然主義周辺の作家たちの美学とはへだたりのある作品についても、上演されやすい環境がととのえられたのである。また、アントワーヌが文学青年であったことから、自由劇場の上演は、戯曲の作品世界を重視し、それを舞台化することに専心したものだった。これは、華やかなショーをつくるための口実になるような作品を求めるばかりで、戯曲に対する敬意があまり払われていなかったそれまでの状況と大きく異なっている。アントワーヌも舞台装置にはかなりこだわりをもっていたが、それは舞台を華やかに見せるためではなく、あくまで作品世界を舞台として昇華するためだった。作品世界を追究するために、音楽やバレエのような動きを取り入れ、照明効果にも工夫を凝らして、舞台がひとつの詩となるような上演をしたこともあった。[45] このような上演は、当時の演劇が、総合芸術を目ざした結果として、いつのまにか戯曲をおきざりにして進行していたのに対し、もう一度総合芸術としての演劇のあり方を提示したのだとも言える。また同時に、アントワーヌがそれまでにないタイプの戯曲を上演したことは、モークレールが嘆いていたような文学界と演劇界の深い溝が埋められるきっかけにもなった。アントワーヌの活動に刺激を受けて、文学の革新を企図する文学者たちの作品を上演する劇場がつぎつぎに登場してくるからである。

## 5　芸術劇場から制作劇場へ

そのなかでも、文学者や画家が数多く関わり、あらたな演劇をつくろうとしていたのが芸術劇場 Théâtre d'Art である。芸術劇場は、詩人ポール・フォール（Paul Fort 1872–1960）が一八九〇年に旗揚げした劇団である。ただし、このときフォールは一八歳の高校生であり、最初の数回の公演は、大した評価の対象にはならなかった。芸術劇場が本格的に詩人たちとの関わりをもち、象徴主義演劇の拠点となるのは、一八九一年以降のことである。

それまでの流れを簡単に見ておこう。芸術劇場の活動がはじまった一八九〇年というのは、演劇においてはいくつか重要なできごとのあった年だった。まず四月一二日に、当時自然主義演劇の中心人物のひとりになっていたアンリ・バウアー（Henry Bauër 1851–1915）が「あらたな演劇 le théâtre nouveau」という講演をおこなった。これはちょうど自由劇場が軌道に乗り、自然主義演劇があらたな演劇の道筋をつくっていくという認識が明確になってきた時期であり、この講演はそのことを大勢に印象づけた。しかしこれは同時に、自然主義演劇とは別の演劇をつくり出そうとする勢力が活発になるきっかけにもなった。まず、フォールと同じく若い詩人ルイ・ジェルマン（Louis Germain）が、四月二六日に「イデアリズム演劇宣言」を発表し、「リアリズム演劇に対してイデアリズム演劇を打ち立てる」と告知した[46]。イデアリズム劇場 Théâtre Idéaliste は六月に初回公演をおこなう予定だったがこれは実現せず、六月に公演をしたのはフォールの芸術劇場だった。イデアリズム劇場と芸術劇場は、目ざす方向性が近かったので、七月にはひとつの劇団となり、混合劇場 Théâtre Mixte とその名を変える。ジャック・ロビシェが後年になってフォールから直接聞いた話によると、この混合劇場という名まえは、ふたつの劇場の混合だからという意味ではなく、さまざまなジャンルや流派の作品を上演したいという意図からきているらしい[47]。しかしながら、混合劇場として公演をおこなったのは結局一度きりで、同年一一月にはふたたび芸術劇場として公演がおこなわれる。そのときもまだロマン主義や高踏派の作品をばらばらに上演するだけで、その上演は古めかしいと評価されることさえあった。芸術劇場の明確な方向性がかたまっていくきっかけは、雑誌『メルキュール・ド・フランス *Mercure de France*』のメンバーとの交流である。フォールは、その回想録のなかで、芸術劇場をつくったきっかけは、『メルキュール・ド・フランス』の創刊者であるアルフレッド・ヴァレット（Alfred Vallette 1858-1935）が、象徴主義者たちの集まりのなかで「象徴主義に欠けているのは演劇だ」と言っていたことだと述べている[48]。この一言から芸術劇場を結成したというのは後年のフォールの誇張のようだが、少なくとも、それが芸術劇場が歴史に名を残す劇場として機能していくきっかけになったことは確かだろう。

こうして、一八九一年二月二四日の『エコー・ド・パリ *L'Écho de Paris*』には、「これからは、芸術劇場は象徴主義演劇の拠点となる」という文言が掲載されることになる。ただしこれは、完成の宣言というより開始の宣言だった。芸術劇場の特徴である詩人や画家との協力がこのときからはじまるからである。特に、ポール・ヴェルレーヌ（Paul Verlaine 1844-1896）やポール・ゴーギャン（Paul Gauguin 1848-1903）が積極的にその活動に参加するようになった。また、モーリス・ドニ（Maurice Denis 1870-1943）やエデュアール・ヴュイヤール（Édouard Vuillard 1868-1940）、ポール・セリュジエ（Paul Sérusier 1864-1927）といったナビ派の画家たちとの交流も活発になり、芸術劇場のプログラムは、こうした画家たちの作品に彩られるようになった。

そして、のちに制作劇場 Théâtre de l'Œuvre を結成することになるリュニエ＝ポー（Lugné-Poe 1869-1940）が芸術劇場に参加することになったのも、ナビ派の画家たちが彼と親しくしていたのがきっかけとなった。ドニらは、一八九一年三月に兵役を終えてランスにいたリュニエ＝ポーに、「芸術劇場は君を必要としている」と手紙を送っていたのである。[49] これは、リュニエ＝ポーが、コンセルヴァトワールで俳優修業をし、自由劇場で俳優としての経験を積んでいたからであった。こうして俳優として芸術劇場に入ったリュニエ＝ポーだったが、上演に関する提案も頻繁にし、フォールから演出をまかされることもしばしばだった。こうして彼は、一八九二年三月に芸術劇場の活動が行き詰まって停止したあとも別の団体で演出を続け、一八九二年の一二月ごろにはメーテルランクの『ペレアスとメリザンド *Pelléas et Mélisande*』をベルギーの作家カミーユ・ルモニエ（Camille Lemonnier 1844-1913）と協力して上演する計画も立てる。これはちょうど、フォールが芸術劇場の活動をなんとか再開させようとしていた時期と重なったため、一八九三年二月にいったんは芸術劇場の復活公演として告知もされる。しかし、結局フォールはこの上演を断念する。しかしリュニエ＝ポーはあきらめず、一八九三年五月にようやく『ペレアスとメリザンド』が上演された。この評判は決して芳しいものではなかったが、リュニエ＝ポーは続けてブリュッセルツアーも敢行し、一〇月には制作劇場を立ち上げることを決める。

このようにして芸術劇場から制作劇場が生まれてくることになるが、ここでようやく安定した活動がおこなわれるようになったと言えるのかもしれない。芸術劇場は、当時フォールがまだ高校生でメンバーが若かったこともあり、ハプニングつづきのお祭り騒ぎとしての要素もつよかったからである。フォールの回想録では、そうしたエピソードが数多く語られている[50]。フォールはまず、チケットの予約をとりつけるために一軒一軒家を訪問して回ったり、舞台装置のために詩人みんなで七〇〇〇ものライオンの切り絵をしたりしたことを回想している。また、エドガー・アラン・ポーの詩「大鴉」のマラルメによる翻訳を朗読上演しようとしたときのエピソードも芸術劇場の実情をよく表している。それによれば、いろいろなイメージを喚起するためにシンプルな舞台にしていたら、本番直前になって、舞台担当者が味気ないからと言ってまったく関係のない肖像を舞台に貼ってしまい、マラルメが卒倒しそうになっていたという。そして、朗読とはいえ、フォールがショーというよりも舞台として仕上げようとしていたにもかかわらず、朗読をした俳優が拍手に応えて勝手な挨拶をしてしまったために雰囲気がぶちこわしになり、さらにその挨拶で、「これはアメリカの詩人、リュニエ＝ポーの詩です」と間違ったことを言ってしまってとどめを刺してしまったらしい。客席もかなり騒がしかったらしく、静かな舞台なのに大きな声で笑う演劇評論家のフランシスク・サルセー（Francisque Sarcey 1827–1899）に対して、詩人サン＝ポル＝ルー（Saint-Pol-Roux 1861–1940）が、「笑うのをやめないと頭の上に飛び降りるぞ！」とバルコニーからぶらさがりつつ叫んだというエピソードも語られている。そもそも芸術劇場の上演は、しばしば遅れてはじまり、夜明けごろまでだらだら続くことが多かったようである。

このように芸術劇場の活動は、楽しそうではあるのだが、フォールが結局のところ俳優にも演出家にもあまり向いておらず、上演作品も次第に友人のものばかりになってきてしまい、明確な方向性を打ち出すことはできなかったようである。ただ、ジャック・ロビシェは「芸術劇場の唯一の功績は、制作劇場を生み出したことにある」とまで述べているが[51]、そこまで言うのは酷というものだろう。本書の後半で見るように、その演出法は現代演劇に大きな示唆を与える部分もあるからである。とはいえ、これが、少なくともフォールにとっては若いころの冒険という要素がつよいものであったことは、回想録が武勇伝のような調子で書かれていることからも見てとれる。芸術劇場についての回想部分のタイトルが「象徴主義の英雄時代と芸術劇場」となっていることも象徴的だろう。

本書で扱う演劇の革新は、このような小規模な劇場の活動を通じておこなわれた。それは、これまで見てきたように、演劇が商業路線に傾きすぎたことに対する内在的な反動でもあれば、娯楽産業としてのノウハウが、よりコストのかからない映画や歌などのプロデュースへと移っていくことによって外在的に引き起こされた変化でもあった。そして、その変化の核となったのは、一からあたらしい演劇をつくろうとする意図よりも、利益を生み出すために少々いびつなものになってしまった当時の舞台に元来の演劇のよろこびをふたたび見いだそうとする情熱だった。これまでは、自由劇場と芸術劇場・制作劇場はべつべつに扱われてきた。しかし本書では、三者に共通している活動の原動力を探りながら、演劇が向かおうとした方向性を描き出していきたい。次章ではまず、当時の演劇理論や文学理論を探ってみよう。

# 第2章

## 夢みる自然主義

### 生への関心と無意識の探究

演劇理論家ジャン＝ピエール・サラザックは、自然主義と象徴主義の結びつきの可能性を早い時期から示唆し、両者の共通点として個人がより高次の原理に従属させられていることを挙げていた。その高次の原理とは、自然主義においては自然であり、象徴主義においては宇宙 cosmos であるとされている。[52] 本書では、両者の共通点を「生への関心」と言い換えることを提案したい。というのも、自然あるいは宇宙が個人になにかを強いる力——言い換えるなら人間の認識を超えるものの人間への影響力——への興味は、人間の生の神秘への関心に端を発するものであり、ふたたびそこに収斂していくからである。[53] さらに、この「生 la vie」という語は十九世紀末の演劇理論においてひとつの特権的なトポスをなしており、自然主義者によっても象徴主義者によっても等しく用いられていた点で、両者の共通点として置くのによりふさわしいと考えられる。

この第2章では、生への関心を軸にして十九世紀末の演劇理論を見ていくことで、それが演劇に与えた影響を浮き彫りにし、劇作術がどのように変貌したのかを考えるための準備とする。

まずはじめに、自然主義理論のなかの人間の内面性への関心を探っていく。自然主義は、人間性をすべて物理的な法則で説明するという点で、内面性を棄却しようとしたとしばしば考えられてきた。しかし、自然主義に見いだすことのできる生への関心は、社会における個人のあり方に向けられているだけではなく、より内面的な射程をも含むものである。本章では、はじめにエミール・ゾラやアンドレ・アントワーヌの理論を中心に分析しながらこのことを示してみたい。「生への関心」という視点から自然主義文学理論を再読することで、そこに内面性を見いだすことがこの前半の眼目である。つぎに、この内面性の分析を深めるために、序章で言及した「自然主義と象徴主義の交差点」という現象に目を移したい。ここでは特に、この「交差点」の主要人物として名の挙がるジャン・ジュリアンとその雑誌『芸術と批評 *Art et Critique*』に着目する。この雑誌に見られる思想的特徴と、初期の自然主義との相違点を検討しながら、この「生への関心」と無意識の関係について整理し、あらたな劇作術の構造を抽出するための準備とする。

## 第1節　ゾラの文学理論における客観性のゆらぎ

十九世紀末の演劇の革新のきっかけとなったのは、アントワーヌによる自由劇場の開設である。一八八七年三月の初回公演を皮切りとする自由劇場の公演は、商業主義に堕し娯楽的な要素のつよい戯曲ばかりを上演していた当時の演劇の状況に一石を投じ[54]、のちに象徴主義演劇の拠点となる芸術劇場と制作劇場の設立にも大きな影響を与えた。

アントワーヌは多様な作品を上演したが、現代演劇への影響という視点から見るなら、自然主義と象徴主義の交差点の結晶とも言えるヘンリック・イプセン（Henrik Ibsen 1828-1906）やゲアハルト・ハウプトマン（Gerhart Hauptmann 1862-1946）の作品を見いだし上演した功績がもっとも大きいだろう。日常的な舞台設定でありながら人間の生の神秘を見せるこれらの作品はアントワーヌが目ざした演劇のもっとも理想的な形と言えるのだが、写実主義演劇の担い手としてのアントワーヌのイメージがあまりにつよいために、このような部分はまだあまり理解されていないのではないだろうか。確かに、自由劇場の主宰者としての彼の好みは身近な生活を描いた自然主義的な戯曲にかなり傾いていたようではある。このことは、メーテルランクの熱意にもかかわらず彼が結局その作品を上演しなかったことや[55]、一八八九年のシーズンの幕開けに、自由劇場に関わりの深い演劇人たちからも少々保守的と捉えられていたジャン・エカール（Jean Aicard 1848-1921）の上演を周囲の反対を受けながらも押し通したことからも窺える[56]。しかしながら、こうした戯曲の選択には劇場としての戦略が関わっている部分もあり[57]、そうしたことを考慮に入れれば、むしろリアリズムとイデアリズムのあいだでバランスをとりながら、あらたな演劇の姿を模索するアントワーヌの姿が見えてくる。また理論的にも、アントワーヌはゾラの影響をつよく受けているのだが、そもそも自然主義の理論自体があらたな視点から再考される必要がある。

第1節では、このような射程のもとに、まずゾラの文学理論を再読していく。アントワーヌの演劇論には、やはりゾラの理論の直接的な影響が大きいからである。ゾラの理論における主客の区別のゆらぎから、知覚の変容の可能性を示唆するのがこの部分の眼目である。

そのあと、このような知覚の変容が、生への関心と結びつくことでいかに演劇における内面性のレベルを変化させていくかを検討する。このとき、ゾラやアントワーヌの理論に加え、アントワーヌとともに自由劇場で活動し、彼の仕事の芸術的意義の理論化をこころみているアドルフ・タラッソの理論や、後半で詳細に扱うジャン・ジュリアンの理論も参照する。具体的には、内面性のレベルの変化を抽出することにより自然主義の環境の理論を再検討し、しばしば自然主義が内面的なものを棄却したことの象徴として批判されるこの理論自体に、実は革新の可能性が潜んでいることを明らかにする。

続いて、内面的なものへの興味が初期の自然主義を変容させていくさまをより具体的に観察するために、「自然主義と象徴主義の交差点」と呼ばれる状態に着目し、この交差点の代表人物とされるジュリアンについて詳しく検討する。ジュリアンについては、その重要性は折にふれて言及されるものの、「演劇は生の一断片である」という引用だけが有名になり、まだまだきちんと研究されているとは言えない[58]。また、ジュリアンが一八八九年から九二年まで刊行していた雑誌『芸術と批評』についても、「交錯」の象徴的な現象と目され、タイトルはしばしば引用されるものの、雑誌の中身までが詳細に分析されることはこれまでなかった。しかしこの雑誌は、無意識と芸術の関係を考えるうえで示唆的な記事を数多く含んでいるのである。そこで『芸術と批評』の特徴を詳らかにし、あらたな視点から自然主義の理論における生への関心と芸術との関わりを解明したい。

## 1　対象へ参加する「実験者」

自然主義は、ともすればリアリズムと混同され、作家の主観を交えない描写を目指していたと考えられがちである。しかし実際には、その理論の出発点はむしろ客観的記述とは一線を画するところから生まれてきている。「実験小説論 Le Roman expérimental」（一八七九年初出）を中心に、ゾラの文学理論を見直してみよう。

この「実験小説論」は、ゾラがクロード・ベルナール（Claude Bernard 1813–1878）の医学理論に影響を受けて打ち出したものである。この影響はかなり直接的なものであり、ゾラもこの論のなかでベルナールの『実験医学研究序説 *Introduction à l'étude de la médecine expérimentale*』（一八六五年）をかなり長く引用しながら、「ほとんどの場合、わたしの思想をはっきり理解してもらうためには、［この著書の］『医者』の部分を『小説家』に変えるだけでよい」と書いているほどである。[59] ベルナールの理論は、そのタイトルからもわかるとおり、医学に「実験的方法」を導入しようとするものであり、彼は「観察者 observateur」と「実験者 expérimentateur」という二つの審級を導入することにより、科学者のあり方を説明しようとする。ゾラがベルナールの理論を援用しながらこの区別を説明しているところを見てみよう。括弧内はゾラがベルナールの文章を引用している部分である。

「観察者という名は、単純あるいは複雑な調査方法を現象の研究に適用する者に与えられる。観察者は現象を変化させることはなく、よって自然が提供してくれるままの現象を収集する。これに対し、実験者という名は、単純あるいは複雑な調査方法を用いてなんらかの理由で自然現象を変化させ、自然が与えてくれない状況下あるいは条件下に現象を現れさせる者に与えられる。」たとえば、天文学は観察の科学である。惑星に働きかけるような天文学者は考えられないからである。これに対し、化学は実験の科学である。化学者は自然に働きかけ、これを変化させるからである。クロード・ベルナールによれば、これが、観察者と実験者を分かつのに真に重要な唯一の区別である。(60)

ここで強調されているのは、観察者が調査対象に働きかけることがないのに対して、実験者が調査対象を変容させるという点である。例に挙がっているのは化学の実験だが、本書の文脈で注目したいのは、現象に対する「解釈」もまた実験者の役割として含まれるということである。ゾラが引用しているベルナールの理論をもう少し見てみよう。

「観察者は眼前の現象を純粋かつ単純に指摘する……彼は現象の写真家でなければならないのである。そしてその観察は自然を正確に表象するものでなければならない……観察者は自然に耳をかたむけ、その口述筆記をするのである。しかしいったん事実が確認され、現象がよく観察されると、観念が浮かび、推論が介在してくる。こうして実験者が、現象を解釈するために現れてくる。実験者とは、観察された現象について多少とももっともらしい、けれどもまえもってなされる解釈によって、予測した論理の順番で仮説やあらかじめ構想された考えの検証として役立つ結果をもたらしてくれるような実験を設定する……そして実験の結果が現れてくるとすぐに、実験者は自分が誘発した真の観察に直面することになる。実験者は、あらゆる観察と同様、先入見なくこれを確認しなければならない。こうして実験者は姿を消す。あるいはむしろ、瞬間的に観察者へと変貌するのである。そして、実験の結果をまったく通常の観察の結果のように確認してようやく、その精神は推論や比較に立ち戻り、実験の仮説がこの結果によって確認されたか打ち消されたかを判断することができるのである。(61)」

観察者が、現象を自分で変化させることなく、透明でニュートラルな主体として現象を写真に収めるように把握するのに対し、実験者は、そのようにして得られた事実をみずからの観念を通じて解釈し、その解釈から導き出した実験方法で対象に働きかける。つまり実験者の役割は、現象を自分なりに読み解き、それをいかに変化させるかを決めることである。そして実験結果が得られれば、科学者はふたたび観察者に戻ってその結果を観察する必要があり、さらにその後は実験者としてその観察の結果を考察しなければならない。このように、観察者と実験者はどちらかを選ばなければならないような固定した立場ではなく、科学者にとってそのあいだを不断に往復する必要のあるものなのである。

これを小説にあてはめて考えるなら、ゾラにとって理想の小説家とは、完全に客観的な立場にあるニュートラルな存在ではないということになる。なぜなら作家は、ニュートラルな観察者の立場と、現象に参加しそれを変容させる実験者の立場とを往還すべきだからであり、実験者のもっとも重要な特徴が現象を変化させることだと考えられているからである。

## 2　感覚的なものの優勢

さらに右の引用で注目したいのは、この二つの立場の交代が非常にめまぐるしいことである。そのめまぐるしさは、客観的な観察者の立場と主観的なものの介入をゆるす実験者の立場は区別されてはいるものの、そのあいだを不断に往復することによって、両者の区別は曖昧なものになっていくのではないかと考えさせられるほどである。このことについてはすでにベルナールも意識的であり、先ほどの引用のすぐあとで「ひとりの学者の頭のなかでこのようなことがすべて同時に起こるときには、観察の結果から出てくるものと実験に属するもののあいだには非常な錯綜があり、解きほぐすことのできない両者の混ざり合いからそれぞれを分析して抽出しようとするのは不可能であるし、だいいち無用なことだろう(62)」と述べている。

ゾラがこの部分も併せて引用しているのは、作家における観察者と実験者の交代についても同じことが言えるからだろう。実際のところ、作者が生身の人間である以上、主観を入れるときと入れないときの切り替えを明確におこなえるとは考えにくい。書くという行為は、作家の支配を逃れていってしまうのである。さらに、そもそも観察という行為ですら対象への干渉であるという意味で純粋な観察がありえないということを考えると、現象に参与する実験者という審級をわざわざ導入することは、むしろ主観性と客観性のバランスを保っている箍《たが》をはずす結果にならないだろうか。

より詳細にゾラの文学理論に分け入ってみると、ゾラはむしろ現象と描出者のあいだの理知的な関係を揺さぶることに意味を見いだしていたのではないかと思えることすらある。「描写について De la description」(一八八〇年)と題された文章の一節でテオフィル・ゴーティエとゴンクール兄弟の描写をゾラが比較している部分を見てみよう。

ときおり言っていることだが、わたしはテオフィル・ゴーティエのすばらしく才能に満ちているとされる描写があまり好きではない。というのも、まさにそれが描写のための描写であり、まったく人間というものを度外視しているように思えるからである。[……]そこにあるのはものだけで、どんな声も、どんな人間的なふるえもその死んだ大地からはたちのぼってこないのだ。わたしはゴーティエを一〇〇ページも続けて読むことができない。なぜならそれはわたしを揺さぶらないからであり、わたしの心をとらえないからである。[……]
それとは逆にゴンクール兄弟を見てほしい。[……]彼らは、言語と戯れ、言語を描写の数々の困難に従わせることをよろこぶ芸術家として、描写の快楽に身をゆだねてはいる。ただし、彼らはつねにレトリックを自分たちの人間性に役立てているのだ。それはもはや与えられた主題についての完璧な文章ではない。ある光景をまえにして感じられる感覚なのだ。人間が現れ、ものたちと混ざり合い、自分の情動の神経のふるえでもってものたちに命を吹きこむ。ゴンクール兄弟のすばらしい才能はすべてこのかくも生き生きとした自然の表現、書き留められたふるえ、たどたどしい片言のささやき、知覚できるようにされた千の息にある。彼らにおいて、描写は息づいているのである。(63)

まずゴーティエの描写が批判される。それは、描写によって浮かび上がるのが「ものだけ」だからである。それに対し、ゴンクール兄弟の描写は、「与えられた主題についての完璧な文章ではな」く、ある光景を目前にしたときの「感覚 sensations」を前面に押し出しているという理由により高く評価される。また、描出者の光景への参与が問題にされていることにも注意したい。人間は事象と「混ざり合い」、それによって喚起された情動が事象に「命を吹きこむ」のである。こうして人間の感覚を原動力として、描出者と光景とで協同して生み出したものの結晶としての描写をゾラは評価している。「レトリックを自分たちの人間性に役立てている」ことが描写の快楽に身をゆだねていることの一種の免罪符になっているのもこのためである。ここでの「自分たちの人間性」が彼らの人間としてのふるえであり、感覚的体験であることがあとの部分からわかるからである。このような「感覚」の強調は、観察者の立場と実験者の立場を冷静に行き来する作家像というよりも、むしろ主観の肯定の現れであるかのような印象を与える。

また、そもそもそれぞれの文章についてのゾラの描写自体が感覚的なものへ振れていることにも注意したい。ゾラが文章に求めているのは、「声 voix」や「ふるえ frisson」といった客観的な基準によって測ることのできないものである。ここでは生き生きとしたものが感じられるかどうかという非理性的な基準が文章の良否を判断し、

「たどたどしい片言のささやき ces chuchotements balbutiés」といった未分化な言語までが肯定される。冷静で客観的な事実の説明に対し、主観的・感覚的なほとばしりが優勢になっていると言えるのである。

## 3　のみこまれる観察者

しかしながら、このような感覚に耳を傾けることは、冷静な観察者という審級をほとんどないものにしてしまう危険を孕んではいないだろうか。こう問うてみるとき、作家ばかりでなく、感覚を強調した描写について述べたゾラ自身がこの小論の続きの部分でその影響を被ったかのように見えることは非常に象徴的である。というのも、ゴンクール兄弟の描写の感覚的な部分を強調したことをきっかけに、この「描写について」という文章は論理を放棄してしまうからである。それまでゾラは、十七世紀の小説の描写を引き合いに出しながら自然主義小説における描写の役割を論じていた。ところが、このあとの部分でギュスターヴ・フロベール（Gustave Flaubert 1821-1880）の描写が称讃されると、それ以上に分析が深められることなく、描写をしようとするときに作家が自然から受けてしまう影響が述べられるのである。この部分を少し引用してみよう。

我々の大部分はといえば、［フロベールほど］賢明でもなく、バランスもとれていたわけではなかった。我々はしばしば自然の情念に突き動かされてしまい、みずからの豊富な活力や大気の与える陶酔によって、悪い例を提供してきた。日射病ほど、詩人の脳の調子を確実にくずしてしまうものはない。そうなると、我々はあらゆる常軌を逸したことを夢見てしまうのだ。そして小川が歌い出し、樫の木々が互いにお喋りをし、白い岩々が真昼の暑さのなか女性の胸ものようにため息をつくような作品を書いてしまう。(64)

これは、調和のとれたフロベールの描写に比しての悪例として挙げられてはいるのだが、ゾラはどちらかというと、この悪い例により共感しているようでもある。いずれにしても、結果的にそちらに多く紙面が割かれているのである。また、このすぐあとからゾラ自身の「失敗」の例が語られることでこの小論が結ばれることも指摘しておかねばならない。失敗例とは、フロベールからも批判された『愛の一ページ *Une page d'amour*』におけるパリの街の描写なのだが、ゾラはその欠点は認めながらも、この描写に対する個人的な思い入れを語るのである。[65]ここに至り、ゾラの力点が描写の調和にあったのか、それが崩れることにあったのかは曖昧になってしまう。実験者としてみずから主体となって自然を変容させ、その結果を観察者として冷静に見通すはずの実験小説作家が、実験も観察も不可能になるほどに自然から影響を受けてしまう傾向があることを、ゾラは身をもって示しているのである。

そもそも、自然主義小説における描写を定義した箇所でもすでにその傾向は垣間見えていた。ゾラは、描写を「人間を規定し完成する環境の状態 un état du milieu qui détermine et complète l'homme」[66]であると定義したすぐあとで、「自然は、我々の作品のなかにあまりに激しい勢いで入ってきたために、ときに人間性というものを溺れさせ、登場人物をのみこみさらいながら作品を埋めつくしてしまう」と述べている。[67]自然を描写するということが、その激しさにのみこまれて理性では制御できない状況に陥ってしまう危険性を孕んでいることが示唆されているのである。

## 4　とけあう主体と客体

そしてゾラには、どこかでそのような状況を望んでいたかのような節がある。彼が、この失敗例のまとめとして、またこの「描写について」という小論の締めくくりとして書いている部分を見てみよう。

万物は我々のものであり、我々はそれを作品に取りこみ、巨大な方舟を夢みるのである。偏執狂的な描写のなかに閉じこもることを望み、正確さはいろいろあるにせよ、けばけばしく塗りたくったイメージを超えていこうとしないのは、我々の野望を不当に過小なものにすることである。(68)

ここでは作家が世界と向き合い、世界を材料にして創作行為をおこなうことが「巨大な方舟を夢みる」と表現されている。そして、作家が「偏執狂的な描写のなかに閉じこもる」ことなく、そのような描写で「けばけばしく塗りたくったイメージを超えて」いくべきであることが暗示されている。「偏執狂的な描写」とは、風景の細部までを漏らさず正確に描くことに執心する描写だと考えられる。それは絵画に喩えれば、写真を目ざす写実的絵画のようなものだろう。すでに見たようにゾラは、現象の写真師であることを観察者の領分だとするベルナールの議論に賛同していた。そして、効果的な実験方法を考えて対象に働きかけるのが実験者の役割だが、それは作家になぞらえれば、対象を「作品に取りこむ」方法を考え、実際に書きながら物語を展開していく過程にあたるだろう。

ベルナールの議論を追うなら、ここで主体はふたたび観察者に立ち戻って冷徹に実験結果を観察すべきなのだが、ゾラは「巨大な方舟を夢見る」ことを示唆している。「巨大な方舟」は文中にある「万物 la création」のことだと考えられるので、これは宇宙の広大さあるいはその果てしない神秘に思いを馳せて夢想することを表していると読みとれる。しかしそれは、観念を一切介在しないはずの観察者のあり方とはまったく異なるものである。これはむしろ、前項で見たような自然にのみこまれ、観察対象から影響を受けた主体のあり方ではないだろうか。

作家は、作品として昇華するという形で自然に働きかけるのだが、自然と混ざり合うことで自身が影響を受けてしまい、冷静な観察者に戻るのではなく、そこから「夢をみて」しまうのである。このように、語り手と自然は相互に影響し合い、その影響作用は時として夢に結晶していく。ゾラにとって描写とは客観的に光景を伝えるものではなく、それを通じて語り手が変質してしまう可能性を孕むものなのである。のちにルーゴン＝マッカール叢書のなかの一冊のタイトルにもなる「夢」という言葉が暗示するように、語り手と自然の相互作用から生まれるものは、非論理的なものも許容する内面世界であるのかもしれない。

もちろんこの一節からそこまでの結論を導き出すことはできないが、この同じ文章のなかでゾラが科学と一定の距離を置いていることを述べているのは興味深い。ゾラは、この一八八〇年の文章で、「反動というものはすべて激しい」ものであり、過去の様式に抵抗するために極端な言い方をしてきたが、「今となっては、我々が科学的厳密さに固執することがほとんどないことは確かである」(69)と書いているのである。これは、彼が実験的方法という科学の方法を導入しながらも、その射程が必ずしも科学的論理で厳密に規定できるところにはなかったことの表れと言えるのではないだろうか。観察と実験が深まり、主体と客体が関わり合うとき、内的なものへと視線が向けられることになる。影響関係は目に見えない次元で起こるからである。それではつぎに、この内的な次元が演劇においてどのような意味をもつかを、ゾラやアントワーヌの演劇論を通してより具体的に検討していこう。

## 第2節　自然主義理論と「生」の詩——環境理論再考

### 1　アントワーヌにおける「内奥の意味」

まずアントワーヌの例を見てみよう。彼の演出においてもっとも特徴的だったのは空間のつかい方だが、それはゾラの小説理論からの直接の影響が窺えるものとなっている。自由劇場以前には、舞台装置家とは書き割りの絵を描く「画家」のことであり、演技で必要のないかぎりは家具もそこに描きこまれていたが、アントワーヌは舞台全体を立体の装置によって構成し、舞台をひとつの空間として創出するきっかけをつくった。また、俳優も朗誦をおこなうときのように客席を向いて横並びに立たされるのではなく、日常生活におけるような自然な向きで舞台上に配置されるようになった。ただしそのような舞台装置も、おびただしい数の小道具とともに、写実主義の極みであり物質主義の象徴として考えられることが多かった。俳優の立ち位置や向きにしても、たとえば観客に背を向けることはやはり行きすぎた写実主義と捉えられ、単なる扇情的な身ぶりとして片付けられてしまいがちである。しかしながらここで指摘したいのは、アントワーヌが非物質的な部分へもよく注意を向けていたという事実である。彼の「演出についてのお喋り Causerie sur la mise en scène」という文章からの一節を見てみよう。

初めて作品を演出したとき、わたしは仕事が二つの部分に分かれているのをはっきりと感じた。ひとつは完全に物質的なものである。それは物語の筋の環境の役割をする舞台装置を構築し、登場人物たちを素描し、まとめることからなる。もうひとつは非物質的なもの、つまり解釈と対話の流れである。(70)

アントワーヌは、このように演出の仕事を物質的な部分と非物質的な部分に分けて定義している。非物質的なものとされているのは、作品の解釈と対話の流れという上演の「意味」に関わるものである。ここで、アントワーヌにおいて舞台作品の「意味」がどのように形成されるのかを考えてみよう。重要なのは、物質的な部分と非物質的な部分は明確に区別されるのだが、両者の作用によって「意味」が生まれてくるという点である。このときに鍵になるのがここでも言及されている「環境 milieu」という考え方である。この続きの部分をもう少し引いてみよう。

よってまず丹念に、そこで起こるできごとについては一切考えずに、舞台装置、環境をつくることが有用であり、必要不可欠に思われる――なぜなら、環境が登場人物の動きを決定するのであり、登場人物の動きにより環境が決まるわけではないからである。

この単純な一文は、まったくあたらしいことを言っているようには見えないかもしれない。しかしながら、自由劇場の試みが共通して与えたあたらしさの印象の秘密はすべてそこに尽きるのである。(71)

ここで、アントワーヌが、環境（＝舞台装置）が登場人物の動きを決定するのであり、その逆ではない、と断言している点に注目したい。しかもそのことは自由劇場の「あたらしさの印象の秘密」だとされている。アントワーヌは、演劇における演出の役割を、小説における描写の役割と同じものとしていた。(72) そしてアントワーヌによって説明される描写の役割は、描写を「人間を規定し完成する環境の状態」(73) と定義するゾラの理論をそのまま受け継いだものである。つまりアントワーヌの考える舞台装置の役割は、人物をとりまく「環境」をつくり出し、それにより人物を規定することにある。演技を決めるまえにまず舞台装置をつくることをアントワーヌが強調するのはそのためである。
ここで舞台装置が観客に向けてではなく、まず登場人物を演じる俳優たちに向けてつくられているのは非常に興味深い。アントワーヌは舞台装置を、観客を驚かせたり作品世界に引きこんだりするためのものではなく、俳優に働きかけてその演技をつくるためのものとして考えていたのである。また、その影響力は、家具の位置により俳優の動きが決まるという単純で物理的な次元にとどまらない。アントワーヌの室内の装飾についての発言を見てみよう。

室内の装飾において、こまごまとしたものが過剰にあふれることや、いろいろな種類のこまかい小道具を置くことを恐れてはならない。そういうものほど、人が住んでいるという様子を室内に付与するものはないのだから。このような知覚できないような小さなものたちこそが、我々が再構築しようとする環境の内奥の意味、深い性質をつくり出すのである。(74)

ここで注目したいのは、アントワーヌが細微にわたる装置や小道具を「知覚できないような小さなものたち ces imperceptibles choses」と捉えていたという点である。さらに、それを用いるのが「内奥の意味 le sens intime」や「深い性質 le caractère profond」にアクセスするためだと考えられていることも、本書の視点からは興味深い。というのも、こまごまとしたものによって直接的な意味の向こうがわを探究しようとする姿勢がここに見いだせるからである。これについては、ジャン＝ピエール・サラザックが、近代演出・推理小説・精神分析に共通する特徴としてまとめている。それによれば、三者に共通するのは、これまでは見過ごされてきた細部――「見えるものの残りくず le rebut du visible」――がむしろ注視されるようになり、視線が「観察の手まえ en deçà de 「l'observation」へと向かうようになったことである。[75] 右に引用したアントワーヌの文章の一節は、まさにこの「観察の手まえ」という無造作かつ潜在的な視点の可能性を舞台に導入しようとするものである。こまごまとした小道具で埋めつくされた舞台は、その精密性や写実性で観客を感嘆させるためのものではない。それは、記号の埒外にあったものに意味作用をもたせて、奥深い意味をなそうとする試みなのである。

つまり、アントワーヌが、舞台装置を「象徴」として構成することでいわば意識的に「内奥の意味」へと到達しようとしたのではなく、むしろ一見無反省に舞台上にこまごまとしたものを蒐集することで、それらにひとりでに見えない意味を漏出させようとしたのである。ここで興味深いのは、登場人物をとりまく環境を細部にわたるまで再現しようとするあまり、つまり見えるものに極端にこだわった結果として、観客の潜在意識への働きかけが起こり、見えないものの次元が期せずしておとずれるという構図である。これはアントワーヌの俳優論にも共通する構造である。それについてはのちに詳述することにして、ここではこの内奥の意味——見えないものの次元——についてもう少し考えてみたい。

## 2　見えるものと見えないものの弁証法

先の引用において、アントワーヌは「知覚できないような小さなものたち」が「人が住んでいるという様子」をつくり出すのだと述べていた。つまり彼のなかで「内奥の意味」は、生活や生の印象と密接に関わっているのである。また、彼がみずからの演劇観を語る際に「生 la vie」やそれに関連した語彙を頻繁に用いており、[76]「戯曲というのは、うまく演じられれば演じられるほど、よりよく生の印象を与えるものである」[77]と述べていることもここで併せて指摘しておこう。そしてこうした「生き生きとしたもの le vivant」や「生」への傾倒は、アントワーヌひとりの特徴ではない。演劇を「生の一断片 une tranche de la vie」として捉えたジャン・ジュリアンは、まさに『生き生きとした演劇 *Le Théâtre vivant*』（一八九二年）というタイトルで演劇論を著し、「演出においては生が存在しなければならない」[78]と述べており、これは彼のまわりに集った演劇人のあいだで広く共有されていた。

さらにゾラは、同時代の演劇が「生と演劇はまったく別のもの」であることを基本理念とし、「芝居をしたいと思ったら、人生のことは忘れることだ」という風潮があったことを深く嘆いている。そしてそうした嘆きに呼応するように、彼が演劇のあるべき姿を語るときには、「生」や「生き生きとした vivant」といった語が頻繁に登場する[79]。ゾラの『演劇における自然主義 *Le Naturalisme au théâtre*』の冒頭の部分を見てみよう。

我々の演劇は、そのつくり手たちが大衆の単純な要求にまで堕落させてしまった芸術において、品のない舞台を掃き清め、再生をおこなうことができるようなあらたな人物の出現を切実に求めている。そう、革新的な脳によって当たりまえになった慣習を改革し、今日はびこっているばかばかしい嘘の代わりに、真の人間のドラマを打ち立ててくれる強力な気質が必要なのである。わたしが思い描くこの創造者は、策略家たちのたくらみを無視し、押しつけられた枠を打ち壊し、舞台を客席と同一平面となるまで拡張し、舞台袖の描かれた木々に生のふるえを宿し、背景布によって現実の生のすばらしい自由な空気をもたらすような人物である[80]。

ここでゾラは演劇の理想の姿を「真の人間のドラマ le véritable drame humain」とし、それを舞台上に実現するために「生のふるえ un frisson de vie」や「現実の生のすばらしい自由な空気 le grand air libre de la vie réelle」が必要だとしている。ただしここで注意しなければならないのは、それらが「描かれた木々 arbres peints」や「背景布 toile de fond」に与えられる印象だという点である。自由劇場の舞台は、生肉や本物の噴水を使用したことによって、時として「生」や「生活」そのものを舞台に上げようとしていたと誤解される。しかし、アントワーヌもゾラも現実と芸術を混同していたわけではないのである。また、ジャン・ジュリアンの「生の一断片」という表現も、この部分だけが切り取られて引用されがちだが、もともとは「芸術によって舞台にのせられた生の一断片 une tranche de la vie mise sur la scène par art」(81)という言い回しである。つまり、舞台上にあるのは芸術——ひとつの技術——によって形成されたものであることが明記されているのである。

このように、彼らの理論で問題になっているのは、あくまで自然と人工の弁証法なのである。これは、先ほど描写における感覚的なものの優勢を説明するために引用したゾラの文章の「書き留められたふるえ ces frissons notés」、「知覚できるようにされた千の息 ces mille souffles rendus sensibles」という表現にも表れている。無形のものである「ふるえ」や「千の息」が「書き留められ」、「知覚できるようにされた」ときこそが芸術の瞬間となるのである。

そして、実際に物質を用いる演劇においてこそ、この弁証法は重要な意味をもつ。先ほど、アントワーヌが物質的な次元と非物質的な次元との両方からの働きかけを作品の原動力にしていたことについて述べたが、舞台をつくるうえで重要なのは「見えるもの」と「見えないもの」の弁証法なのである。夥しい数の物質によって非物質的な「内奥の意味」を示そうとするアントワーヌの考え方は、この弁証法がもつ力学をよく示している。

## 3　生活に見いだされる詩

このような弁証法について注意を促したのは、それによって「生」が詩へと昇華されていくことになるからである。十九世紀末の芸術においてはもちろん異国趣味や神話的題材もよくとりあげられるのだが、演劇においては身近な生活のごく些細な一場面から生の神秘を垣間見させる作品が多く登場し、独特の詩的世界の可能性を見せてくれる。生活への密着は詩の放棄ではなく、むしろあらゆるものに詩を見いだそうとする立場なのである。戯曲の具体的な分析は第3章にゆずるとして、ここではゾラの『演劇における自然主義』のなかの一節を引用しよう。

そしてこうしたときに自然主義が現れ、はっきりと宣言したのだ。詩はどこにでも、あらゆるものにあり、過去や抽象のなかよりも、むしろ現在や現実のなかにあるということを。ひとつひとつの事実に、毎刻、詩的できわめて美しい側面があるのだ。(82)

ここでゾラは、自然主義こそが文学に詩を復権させたのだと主張している。そして彼によれば、その復権は、詩が「過去や抽象 le passé et l'abstraction」よりも「現在や現実 le présent et le réel」のなかにこそ存在しているということを認識することによるものである。我々が生きている一瞬一瞬に意識的になり、そこに「詩的できわめて美しい側面 côté poétique et superbe」を見いだすことが芸術の源泉となっているのである。つまり、ここで言われている詩は、「現在や現実」を生きるみずからの「生」を鮮烈に意識することから生まれてくるものである。この場合の「生」は生活でもあり生命でもあるのだが、そのことを確認するためにもう少し続きの部分を見てみよう。

詩は、存在するあらゆるものに滔々と流れている。そしてその詩は、生き生きとしていればいるほどより大きくなる。そしてわたしはこの「詩」という言葉にあらゆる意味を与えるつもりである。つまり、この語を二つの韻からなるリズムや、夢想家たちのせまい礼拝堂の奥深くに閉じこめるのではなく、「詩」という語に、真の人間的意味、すなわ

ちあらゆる真実が大きく花ひらくという意味を取りもどそうとするものである。(83)

ここでは、詩は「存在するあらゆるもの tout ce qui existe」――すべての生命にあるとされている。さらにそのような詩において、重視されるのは「生き生きと」していることである。そのあとの部分からこの「生き生きと」したという意味を考えるなら、それは形式や抽象的な夢想や仲間内でのせまい理解に縛られることなく、「現在や現実」という日常と深く結びついていることだと読みとれる。そしてそれにより詩の「人間的」側面を抽出し、詩を「あらゆる真実 toutes les vérités」が認識される場にするべきだとゾラは主張している。この「真実」とはなんだろうか。まずそれが、詩が「真の人間的意味 son vrai sens humain」を回復することによって得られるものであることから、人間の生に関わるものであることが考えられる。さらに、「真実」が複数形になっていることから、それは絶対的なものというよりも、生活のさまざまな場面から引き出されるある程度相対的で、複数性を許容するものであると推察できる。そのような真理が「花ひらく」のが詩の瞬間であるとするなら、ゾラにとっての詩とは、生から喚起されるなんらかの抽象的な認識だと考えられるだろう。

しかしながら、「現在や現実」を題材にしながらそのような認識を喚起するのは容易なことではない。ゾラもこのことを意識しており、「日常の光景に慣れたわたしたちの目には小さく見えてしまう主題や登場人物を大きく見せるところにむずかしさがある(84)」と告白している。見慣れた光景から「詩的できわめて美しい側面」あるいは「崇高な詩 la poésie sublime(85)」を引き出すためには確かに工夫が必要だろう。見えている光景は「小さく見えてしまう」性質のものであり、そこから「大きなものを見せる」必要があるからである。つまりそれは直接見せたいものを示すのではなく、別のものを迂回してある認識に観客を到達させる必要があることを示している。先ほどアントワーヌの演出法について、こまごまとした小物の累積から意味を漏出させるという構造を強調したのはこのためである。ここで目ざされている生の詩は、そのような方法によってしか喚起しえないからである。アントワーヌの「生」についての考えを明らかにするため、自由劇場で彼とともに活動していた劇作家であり美術批評家としても知られていたアドルフ・タラッソの理論を補助線として、もう少し検討をつづけてみよう。

## 4　客体としての意志――タラッソの「生」と「動き」の理論

ここでアドルフ・タラッソの理論を紹介するのは、彼が自由劇場で活動していたからというだけではなく、その理論が芸術作品を「生」と「動き le mouvement」の二つの要素を用いて規定するものだからである。タラッソは、この二項を用いて芸術を二つの大きなカテゴリーに分ける。第一のタイプは「生による動き *le mouvement par la vie*」と呼ばれ、傑作の芸術作品はすべてこちらに当てはまるとされる。第二のタイプは「動きによる生 *la vie par le mouvement*」とされ、娯楽作品がその例として挙げられる(86)。その考えによれば、「生」がつねに「動き」を与えるものであるのに対し、「動き」は必ずしも「生」を与えるものではない。このため、「動きによる生」の芸術には無理がつきまとい、人工的なものに陥ってしまいがちである。彼がこの後者のタイプの芸術をまったく評価していないのはそのためである。タラッソは、アントワーヌが自由劇場を立ち上げたころの演劇がまさにこの「動きによる生」に堕していたと考える。そしてアントワーヌがそうした状況下で演劇に「生による動き」を取りもどしたと捉えているのである。タラッソの文章を見てみよう。

> 生による動き、それは演劇においては天才であり、創造であり、偉大な芸術である。[……] それは、心、精神、肉体をわがものにした魂であり、みずからの感情を知らしめ、みずからの思想を肯定し、自由意志を称揚する魂であ

る。それはみずからの喜びと苦悩とを提供する自立した人間性なのだ。そしてそれは、作者の意志が、その頭のなかから生まれた種々の人物の意志 volonté のまえに完全に消え去ることである。それは、可能なかぎり完全な想像上の登場人物の客観性である。そしてこの客観性が、作者の創造的な力によって、それぞれの登場人物に固有な生を生きる権利を与えるのである。［……］

動きによる生、それは演劇においては知性であり、手法であり、娯楽である。［……］それは情念、思想、行動が任意に決定されることである。そして我々のもっとも美しい特性である意志 volonté の否定である。それは娯楽家、道徳家、そして思想家の手のうちで奴隷と化した人間性である。それは登場人物たちの主観性である。そしてその主観性が、作品が発表され、主要人物の特徴が描出された瞬間から作者のものではないはずの種々の意識や感情を、たえず作者の意識や感情に連れもどしてしまうのである。(87)

タラッソが芸術と考える「生による動き」の作品においては、魂がすべてを席捲する。魂が「心、精神、肉体」すべてを所有し、自発的にその「感情」や「思想」、さらには「自由意志」を知らしめるのであり、まるで昂揚した魂が作品そのものであるようでもある。そしてそこで重視されるのは、登場人物の「意志」が、作者の「意志」――あるいはここでは意図というとわかりやすいかもしれない――を通してではなく、いわば自発的に伝えられることである。これがタラッソにとっての「客観性」である。これに対し、「動きによる生」の作品には「知性」や「手法」が介在してくる。そして「作者の意識や感情」の影響を受けて、登場人物の「意志」は否定されてしまうことになる。タラッソはこれを「登場人物たちの主観性」と考えている。

ここで興味深いのは、登場人物の「意志」に介入する「知性」や「手法」が主観的と表現されるのに対し、「意志」の迸《ほとばし》りがそのままの形で現れてくる状態が客観的とされることである。意志が否定される状態が主観的、意志の全面的な肯定が客観的と形容される状況は、十九世紀末の生への関心の背後にある、人間の感覚の本人にさえ自覚されない部分への興味とともに考えると示唆的である。みずからの感覚を把握できない状況は、主観によってはみずからの主観を捉えられないという奇妙な現実をつきつけてくる。それは自身の感覚が潜在的に区別している構造を客観的な視覚的データとして外から与えられることにより、みずからの感覚を異物として感じる体験でもある。このとき自己の一部は一種客体化されることになる。そこから「人間は世界の主人とも、自分の主人ともなりえない」という気分も生まれてくるのだが、これは二つの展開の可能性を秘めている。一方はペシミズムへと向かう可能性であり、他方は、把握しきれない感覚が働いていることに対して生の底知れぬ力あるいは神秘に驚嘆し、生の哲学へと向かう可能性である。ただし、この二つの可能性は、芸術家によってどちらかを選んだというよりも、どちらに重点があるかの比率に違いはあったものの、それぞれが両方の部分をもっていたようである。この時代のパリではショーペンハウアーの思想が大流行していたが、彼の思想がこのどちらの側面も含んでいたのが象徴的である(88)。そもそもここでタラッソが「意志」という言葉を用いて魂の逆りを表していることにもショーペンハウアーの影響が窺えるが、十九世紀末に固有の関心を集めたと考えることのできる「生」は、ショーペンハウアーの「意志」と共鳴する部分が非常に多い。それは我々の内奥のものでありながら制御はできない力と結びついていたと考えられる。ここでそのことを検討するために、環境埋論について考えてみたい。

## 5　環境理論における内面性の問題

すでに見たように、ゾラの文学理論において「人間は環境に規定される」という考えは非常に重要であり、その創作に大きな影響を及ぼしていた。ゾラの二〇巻にわたるルーゴン＝マッカール叢書は、そこに遺伝の影響も取り入れ、環境・遺伝と人間がどのように影響し合っていくのかを実作によって実験したものである。この環境の理論は、人間の内面性を否定するものとしてしばしば批判の対象になってきた。それは、この理論が人間を、それぞれの個人が「自己」だと感じている内的な特徴ではなく、個人の外部にあるものによって規定しているものだと理解されたからである。

しかしここで指摘したいのは、自然主義が人間を極端に機械的に捉えていることの典型的な表れだとされる環境理論が、実は不可視の次元を含んでいるという点である。それどころか、それは見えないものの人間の生に対する影響の研究であるとすら言えるというのが本節の主張である。それがしばしば誤解されるのは、この時代に特有の逆説——見えるものを徹底的に可視化することによって逆に不可視のものを追求する——によるものだろう。しかし実は、自然主義者たちは、自分自身を逃れてしまうような内的生活に興味をもったからこそ、それにアクセスする唯一の方法として物質的な方法を選んだのである。そしてそこで問題になっているのは、つねにみずからを驚かせる、自身にも未知なみずからの生なのである。この誤解は内面のレベルの解釈によっていると考えられる。このことをドロシー・ノウルズによる環境理論の批判をもとに検討してみよう。

> 自然主義は、知的で感情的で、自身が身を置く世界からは距離を置き、内的生活を営めるような、そういう個人を研究するわけではない。それとは逆に、環境と身体的特徴に完全に依存した個人として研究するのだ。(89)

ここでノウルズは、自然主義が人間を内的生活と切り離して研究したと述べている。もしこの内的生活が、主体によって意識することが可能で、心理描写として容易に転記できるような内面であれば、ここで言われていることはそのとおりだろう。しかしながら、無意識と言われるような内面ならば、この部分は書き直されなければならない。このことを考えるために、ゾラの登場人物についての考え方をここで検討してみよう。描写が環境を描き出すものであると定義するまえに、まずゾラは登場人物をこのように定義している。

そこ［＝現代文学］では登場人物はもはや心理的な抽象物ではない。そのことはだれにでもわかることだろう。登場人物は、植物と同じように、大気や土地の産物となった。つまり、登場人物について科学的な見方がされるようになったのである。この瞬間から、心理学者は、もし魂の動きを明確に表現しようとするなら、観察者と実験者の両方の性質を兼ね備えなければならなくなった。我々はもはや、美しい文体による文学的な優美さのなかにはいないのだ。我々は、環境の正確な研究のなか、登場人物の内的状態に呼応する外的世界の状態の検証のなかにいるのだ。(90)

このとき、「登場人物はもはや心理的な抽象物 une abstraction psychologique ではない」と宣言することは、心理描写による人物の構築の否定であって、登場人物の内面性の否定ではない。登場人物が「心理的な抽象物」であれば、その内面は、作者が把握し、つくり出し、提示することのできるものになる。これに対し、登場人物が「科学的な見方がされる」ような、「植物と同じように、大気や土地の産物 un produit de l'air et du sol, comme la plante」であれば、その仕組みはかえって人間の理解を超えてくる部分がある。このとき登場人物の内面は、「内的状態に呼応する外的世界」を通じてこそ描き出すことのできるものになる。これはつまり、主体が意識できる心理的な動きではなく、主体から逃れてしまうような内面性を重視する立場だと言うことができるだろう。実際、知らない間に外的な要素にどうしようもなく規定されてしまう人間を研究することは、我々の内面の奥深くに潜む隠れた力を探究することにほかならない。人間がわからないままに周囲に規定され、時に自分の意志に反して行動してしまうという現実は、存在の神秘の一部として描かれているのではないだろうか。ゾラの文学理論から主体と客体の相互影響を引き出し、アントワーヌの演出論から見えないものの影響の大きさを抽出することによって示されるのは、環境の理論をこのように再解釈する可能性なのである。

このような生への関心を追究していくことで、自然主義は象徴主義と結びついていくことになる。次節では、この見えない力の人間への働きかけについての当時の感受性をより明らかにするために、ジャン・ジュリアンとその雑誌『芸術と批評』を取りあげる。

## 第3節　ジャン・ジュリアンと「自然主義と象徴主義の交差点」

### 1　ジャン・ジュリアンと『芸術と批評』

まず、ジャン・ジュリアンとその雑誌『芸術と批評』について簡単に紹介しておきたい。ジャン・ジュリアンは、一八五四年にリヨンで生まれ、地方新聞の通信員として文筆活動をはじめた。しかしその後すぐにパリに移り、ジャーナリストを続けつつも、短編集を出版したり、戯曲を書いたりしていた。ジュリアンの作品が友人の仲介で自由劇場にもちこまれると、アントワーヌはすぐにジュリアンに手紙を書き、一八八七年一二月、ジュリアンの作品『セレナーデ *La Sérénade*』が上演されることが決定する。この『セレナーデ』の上演は自由劇場にとっては重要なものになった。というのも、アントワーヌはこのジュリアンの作品を通じて、のちに「自由劇場的 genre Théâtre *Libre*」と言われることになる戯曲を打ち出すことになるからである。ただ、新しい作品を上演する土壌をつくった代償として批評家たちからひどい扱いを受け、ジュリアンの作品はその後一八八九年一月まで上演されなくなってしまう。しかも、この復帰公演においてすら、アントワーヌは攻撃を恐れて、予定していた三幕劇ではなく、ジュリアンの別の短い作品を上演する。この事実は、二人のあいだにすでに溝があったことを示している。

そしてその一八八九年の夏、つぎのシーズンのプログラムをめぐってジュリアンはアントワーヌと正面から対立する。対立は、アントワーヌが商業演劇的な傾向のあるジャン・エカールをつぎのシーズンで大きく打ち出し、予定されていたヴェルレーヌの作品の上演を中止したことに対して、ジュリアンが怒りを示すという形で表面化した。このできごとをきっかけにジュリアンは明確にアントワーヌから距離をとり、雑誌『芸術と批評』を創刊する。ただし、まだこのときもアントワーヌとは完全に訣別したわけではなく、一八九〇年三月には三幕劇『親方 *Le Maître*』が自由劇場で上演され、のちに自由劇場史上もっともすばらしかったと言われるほどの大成功を収めることになる。その後ジュリアンは自身の演劇論『生き生きとした演劇』を出版するが、雑誌『芸術と批評』はジュリアンの演劇論が形成されていく過程に大きく貢献している。そこでまずは、『芸術と批評』が自然主義と象徴主義のあいだでどのような役割を担っていくのか、実際に雑誌の特色を検討しつつ考えてみたい。

## 2 『芸術と批評』と自然主義／象徴主義

一八八九年に創刊された雑誌『芸術と批評』は、途中約一年の経済的事情による休刊を経て、一八九二年に三年にわたる活動を終えるまで、計九五号発行された。まず、この雑誌の基本理念を確認するために、一八八九年六月一日の創刊号の冒頭に掲載された、編集委員から読者へのメッセージを見てみよう。

『芸術と批評』は、あらゆる文学者と芸術家に、自分たちの作品や理論を説明し、必要なら守るための手段を提供することを目的としている。

この雑誌は個人攻撃をおこなわず、どんな党派の追随もしない。我々は騒ぎ立てる気もないし、改革者を気取る気もまったくない。ただ、いくつかのあらたな表現方法が出現するきっかけとなればもう充分にうれしく思う。

雑誌『芸術と批評』はニュートラルな場となり、すでに喝采を浴びている作家やまだ知られていない者、批評家、芸術家や芸術の愛好家、編集者や作品が出版されている者、劇場支配人、劇作家、演者といった人々がそこで出会い、話し合うことができるようになるだろう。(91)


ここでは、「ニュートラルな場 le terrain neutre」をキーワードとして、『芸術と批評』がさまざまなジャンルの、そしてさまざまな立場から芸術に携わる者たちに対してひらかれた雑誌であることが明確に説明されている。また、この雑誌が不必要に攻撃的な論争を避け、作品や理論を「説明する」場であることからも、多様な芸術家たちの相互理解を図り、あらたな表現が生まれてくるまでの土壌をゆたかにしたいという思いも窺える。

そしてこの宣言のとおり、『芸術と批評』は非常にバラエティに富んだ執筆者を迎えることになる。ただし、中心メンバーが自由劇場と縁の深い作家だったため、同時代に自然主義と象徴主義の交錯の場として捉えられることはなかったようである。むしろ、象徴主義演劇の拠点となった芸術劇場のメンバーであったジュール・メリー（Jules Méry 1867-1943）は、『芸術と批評』を、「すばらしい批評雑誌でとてもおもしろいが、自由劇場的な自然主義に完全に忠実」(92)と評価していた。

しかし、アントワーヌがこの雑誌を非常に警戒していたことを考えるなら、このメリーの評価は誤解だと言わざるをえない。アントワーヌは、ジュリアンの雑誌を警戒し、『芸術と批評』が刊行されるとすぐに自由劇場を肯定的に紹介する雑誌『挿絵つき自由劇場 *Le Théâtre Libre illustré*』を創刊させたのである。このような状況を見ていくと、『芸術と批評』は自然主義からも象徴主義からも距離を置かれていたことがわかる。

それでは、実際の記事の配分はどうだっただろうか。冒頭記事を比較すると、自然主義よりもむしろ象徴主義についての記事のほうが多くなっている。[93] もちろんこれは、自然主義の理論がすでに爛熟期にあったことも関係しているが、作品を掲載するコーナーにおいても多くの象徴派の作品が寄せられた事実も併せて指摘しておきたい。とりわけヴェルレーヌは、『シャ・ノワール *Chat Noir*』紙にジュリアンへの共感と応援のメッセージを寄せていたほどであり、[94]『芸術と批評』にも非常に頻繁に寄稿し、その回数はジュリアンに次いで他のどの作家よりも多くなっている。

続いて演劇との関連に着目してみよう。興味深いことに、『芸術と批評』は、一八九〇年に起こった演劇における正反対の二つの動き両方の発表の場になっている。第1章でふれたことだが、ここで再び確認しておこう。ひとつは、アンリ・バウアーによる「あらたな演劇」についての講演である。アンリ・バウアーは自由劇場と縁の深かった批評家で、この時期には自然主義演劇の中心人物のひとりであった。この講演によって、自然主義演劇こそ演劇の向かう先だという認識が定着しはじめるのだが、この講演の内容を、ジュリアンが一八九〇年四月一九日に刊行された『芸術と批評』の冒頭記事で紹介したのである。そして、こうした動きは反動派の勢力を生み出すことになる。まず出てきたのがルイ・ジェルマンで、彼は「リアリズム演劇に対してイデアリズム演劇を打ち立てる」と告知し、一八九〇年四月二六日、『芸術と批評』紙上に「イデアリズム演劇宣言」を掲載する。このように、ある動きと、それに反発して起こったもうひとつの動きのどちらもの宣言の場となっていることが、この『芸術と批評』の特色をよく表していると言える。ほかにも、メーテルランクの『マレーヌ姫』を評して「象徴主義演劇が存在するということがこれで証明された[95]」と述べた記事も、やはりこの雑誌に掲載されている。

また、のちに象徴主義演劇の中心人物となるリュニエ＝ポーもジュリアンを慕い、時折記事を寄せていたこともここで指摘したい(96)。

しかし、このようにさまざまな意見が掲載されたとはいえ、雑誌内での担当がはっきりしていたのも事実である。書評も劇評も、象徴主義に関連が深いものはアドルフ・レッテ（Adolphe Retté 1863-1930）やジョルジュ・ルーセル（Georges Roussel）、アルフォンス・ジェルマン（Alphonse Germain 1861-1938）が書き、自然主義のものはジュリアンやガストン・サランドリ（Gaston Salandri 1856-19??）、ジョルジュ・ルコント（Georges Lecomte 1867-1958）が書くというように明確な区別がなされていた。

この隔たりが象徴しているように、『芸術と批評』は、異なる思想を掲げる執筆者たちに「ニュートラルな場」を提供しながらも、真の交換――ひいては相互影響――の場とはなりえなかったようである。異なる傾向の記事がそれぞれ掲載されるだけで、自然主義と象徴主義を同時に扱い、その共通点を説いたような記事を見いだすことはできないからである。しかしながら、この雑誌の射程が、ゾラによって打ち出された初期の自然主義からはみ出していたのは確かである。そこでつぎに、自然主義との距離を再検討することによって、『芸術と批評』とジャン・ジュリアンの特徴を浮き彫りにしたい。

## 3　あらたな演劇の模索――自然主義を超えて

まず確認したいのは、創刊号の声明でこの雑誌が目指していたのがそもそも「あらたな表現方法 quelques formules nouvelles(97)」であったことである。つまり、既存の文学の流派の完成ではなく、これまでにない表現の誕生が待たれていたのである。実際のところ、ジャン・ジュリアンはこの雑誌のなかで一度も「自然主義演劇」については語っていない。彼はあくまで「あらたな演劇」について語っており、自由劇場が確立させつつあった「自然主義演劇」には満足していなかったことが見てとれる。

これは、先ほどのガストン・サランドリにとっても同じである。彼は、『芸術と批評』の第三号と第四号に演劇理論を掲載している。これはゾラの理論をふまえて書かれ、自由劇場で上演された一連の作品についての論なので、一見完全な自然主義演劇理論に見える。しかしサランドリは、彼にとっての未来の演劇を予感しているような自由劇場で上演された作品を「シンプルな劇 une pièce simple」と呼び、「狭義の自然主義の劇作品」と区別しようとする。(98)

サランドリがここで軸としているのは、当時劇場プログラムのほとんどを占めていたウェルメイド・プレイへの反発である。当時の演劇は商業主義が横行しており、劇場支配人が作家に注文を出すこともしばしばだった。結果、戯曲は観客に受けることが最優先にされ、観客を飽きさせず絶えず笑わせたり泣かせたりするために、思いがけないできごとが盛りこまれて複雑にされた筋立てやご都合主義の連続に陥っていた。サランドリは、このような状況を、作品のために生が犠牲になっていると考え、現在の多くの作品が「生の大筋から明らかに隔たっている」と批判した。このような現状に対し、「若い作家たちは生に敬意を払って観察している」というのがサランドリの見方である。彼は、あらたな演劇を担う劇作家たちに「生」という共通の問題意識を見いだし、「現在、これ［ウェルメイド・プレイ］とは反対に芸術作品を生の輪郭に合わせようとする逆の文学運動が起こってきている」と述べている。(99) そして彼の考えでは、このような傾向は自然主義の枠にとどまらない。もう少し彼の理論を読んでみよう。

このように、たった一年のあいだに、個々の考えは異なるけれども、［……］似たようなやり方でつくられた戯曲が数多く出てきている。このような作家たちは北からも南からも来ているけれど、パリの作家たちと戯曲の「技法」について同じ考えをもっているのだ。［……］このような動きは、そもそも自然主義よりもより広汎なものであり、［……］さまざまな流派やジャンルを包みこみ、もっとも隔たっているような精神をも結びつけている。(100)

サランドリによれば、あらたな戯曲を書くうえで重要なのは流派や戯曲の種類ではなく、人間の本質を示すシンプルな戯曲をつくろうとする態度である。さらに興味深いのは、そのような劇作術上の基本理念が、異なる流派やジャンルのみならず、異なる精神をすら結びつけてしまうという点である。サランドリの演劇論は残念ながらこれ以上に発展していくことはないが、この一節が示唆しているのは、芝居への好みや意見が違っていても、生への興味とそれを芸術に昇華したいという考えがジャン・ジュリアンのまわりに集った人びとのあいだで一致していたのではないかということである。

また、先ほどふれたルイ・ジェルマンのイデアリズム演劇宣言も示唆的である。これは自然主義演劇への反発から出発し、「自然主義演劇は死んだ」という扇情的な書き出しの宣言なのだが、それにもかかわらず自然主義とイデアリズムの連続性が語られているからである。ここでその一節を見てみよう。

自然主義の進展はまだ完成しておらず、自然主義の作品は、イデアリズムにとって、もっとも重大な「将来すべきことを示す」手帳である。自然主義は人間の苦悩の確認であった。イデアリズムが人間の苦悩に対する憐れみであるように。後者は、論理的に前者の跡を継ぐものである。(101)

ここで重視したいのは、扱い方は異なるものの、人間の苦悩の演劇である点で自然主義演劇もイデアリズム演劇も同じ試みの一環として考えられているということである。ルイ・ジェルマンのイデアリズム演劇は、この宣言の四ヶ月後には混合劇場の一部となる。そして混合劇場は、二回目の公演以降は芸術劇場と名を変えて象徴主義演劇運動の中心となっていく。つまりイデアリズム演劇は、象徴主義演劇運動の重要な部分をなしているのである。このことを考えるなら、自然主義演劇とイデアリズム演劇の根本的な部分が通底しているというジェルマンの見方は驚くべきものである。しかし実際、ここで言われている人間の苦悩の探究は、サランドリが自由劇場で上演されていた若い作家による作品に見いだした人間の本質への興味と似通っている。このことは、『芸術と批評』の編集グループの一員でもあったギュスターヴ・ジェフロワ（Gustave Geffroy 1855-1926）も感じていたようである。彼は、イデアリズム演劇宣言が『芸術と批評』に掲載された数日後に、「自由劇場が上演した戯曲のなかでもっともすばらしくもっともリアリズム的な作品はトルストイの『闇の力』だが、同時にこれは異論の余地がないくらいイデアリズム的な作品である[102]」と書いている。

また、ここで併せて指摘したいのは、まえのものを消し去って新しいものと取り替えるのではなく、すでにあるものを深めていくという考え方である。ジェルマンにおいてもサランドリにおいても、先行する流派をあたらしいものに取って替えるため完全に否定することではなく、すでにある考えを深め、この同じ考えにあらたな形を与えることが重視されているのである。芸術に対する好みが、両者で異なっていることはその記事から窺える。しかし、この二人の演劇人は、ともに人間の生にあらたなやり方で立ち入っていく必要があるということを感じていた点で共通していたのである。

この十九世紀末の演劇において、芸術の様式以上に、その背後に潜む根本理念の大幅な改革が問題になっていたことは、アントワーヌについて詳細な実証主義的な研究をおこなったフランシス・プリュネールも指摘している。彼は、この一八九〇年ごろの演劇の大きな動きについて、「問題になっているのはあらたな流行ではなく、自然主義芸術について、そしてそれだけではなく、その基盤となっている実験哲学や実証主義哲学を再検討するようなより根本的な運動なのである」と述べている。[103] ここでプリュネールはジュリアンの名まえを挙げてはいないが、『芸術と批評』は、初期の自然主義を支えた科学主義を再考することに非常に意識的であった。彼らは、生への興味に基づいて科学とのあらたな関係を見いだそうとしていたのである。そこでつぎに、『芸術と批評』と科学の関わりについてもう少し考えてみたい。

## 4　科学と無意識——科学主義とオカルティズムの連続性

『芸術と批評』においては、初期の自然主義に色濃く見られた実証主義的、科学万能主義的な考え方は和らげられ、変容の途上にあるのが見てとれる。まず、アントワーヌの弟ジュール・アントワーヌ（Jules Antoine）が、芸術的真実と科学的真実の違いを述べている記事の一節を見てみよう。

> 天才的な芸術作品は、完全で決定的である。数世紀経ったとしても、それはそこなわれることはないだろう。これに対し科学的発見は、決して決定的ということがない。というのもそれは、我々がおそらく決して最終的なところを知りえないであろう大きな総体のあらたな断片にすぎないからだ。[104]

ここで興味深いのは、ジュール・アントワーヌが、科学の発見は決定的にはなりえず、むしろ我々が知りえない「大きな総体 un grand tout」の存在を感じさせると述べていることである。科学的発見は、総体の断片を提供するものの、それが累積されたところで全体の見取り図を提示することは不可能なままにとどまることが予感されているのである。これは、科学への絶対的信頼からは距離を置いた見方であり、むしろ科学の発見を通じて科学の限界が示されるという構造すら感じさせるものである。この点についてもう少し考えてみよう。科学が急速に進歩し、その知識が一般的に共有されるようになっていったときには、世界のあらゆる神秘を物質的な次元へと還元することで説明できるという事実に対する興奮があった。しかしこのような興奮は、世界をつくり出している見えない法則があまりにゆたかで微細であるという事実に気づくに至って、我々の認識を超えた世界と自然の神秘の大きさに対する驚きへと反転していくのである。別の記事も見てみよう。これは『人間と有機体の比較病理学』という病理学の研究書についての書評である。評者は、この本の作者が、これまで無意味に病理学と生理学として分けられていた分野にまたがる研究をしたことを評価して、つぎのように述べている。

我々の分類はまったく絶対的なものではない。それは致命的に人工的なものである。唯一絶対なのは、そして唯一の真実は、永遠にゆたかな自然である。自然は、それ自身であることを決してやめることなく、我々の抽象的な知性が閉じこめようとする狭い枠組を無視するのである。(105)

人間があらたな枠組によって自然の輪郭をなぞろうとするとき、いったん自然はその全貌を見せてくれるかのように思えるのだが、結局は人間がつくり出そうとする「狭い枠組」を逃れてしまうのである。たとえば、人間の感情が神経細胞間の電気的反応に還元されると判明したとしても、その反応の項目があまりに膨大であり、全体像を予測することすら困難であるとわかれば、それはむしろ我々の無知を強調するものになってしまう。さらには、もしもすべての反応が明らかにされたとしても、我々はどうして脳のそれぞれの部分がそれぞれの感情に対応するのかを知ることはできない。このように、ある事象とある事象の関連を辿ることはできても、第一原因が謎のままであるということは科学の大きなアポリアである。そしてこのために、科学は逆説的にもどの領域にも増して超越的な審級を必要とするのである。

さらに当時の人々が驚かされたのは、人間がこのような見えない法則を本能的には知っているという事実である。たとえば、実験音声学は音を一定の図に転記することに成功した。これはいわば音の見えない構造であり、我々にはもちろんこの構造自体を知覚することはできないが、快・不快という基準によってこれをそれぞれの構造別に分類することはできるのである。我々はこのようにして、確かに自分自身に属してはいるけれども、自分でもアクセスできない内面性の存在を実感することになった。

『芸術と批評』にしばしばオカルティズムやエソテリシズムに関連した記事が掲載されることも、このような内面性への感受性の高まりという観点から考えればより深く理解できる[106]。まず指摘したいのは、これらの記事は科学書の書評という形をとっていることが多く、科学と神秘主義の境界が曖昧であったことを示しているということである。そもそもオカルティズムの流行を科学的精神に帰している記事も見受けられる。ジョルジュ・ドンシューは、第九四号の巻頭記事を、名のある学者たちが数多くオカルティズムに傾倒している状況に対する戸惑いを語ることからはじめている。そして、「幽霊を見た」と言う人を否定することが非科学的だと考えられる現状をつぎのように分析している。

> なぜなら、現代の科学的精神とは、もはや可能なことを明確な証拠にいたるまで方法論的に疑うことにではなく、すべてが絶対的に可能であり、不条理なことは存在しないと認めることにあるからである[107]。

この一節において、合理的に説明のつかないことを事実と認めるのは非科学的なことではなく、むしろ科学的精神に端を発したことであると説明されている点に注目したい。このように、この時期の科学主義は初期の自然主義の背景となっていた超自然的なものを認めない実証主義的な科学万能主義とは異なり、ある意味でオカルティズムと表裏一体をなすものとなっているのである。『芸術と批評』におけるオカルティズムは、秘教的な体系に向かうよりもむしろ科学との関わりにおいて捉えられているのが特徴的であり、有名なオカルト主義者であるジョゼファン・ペラダン（Joséphin Péladan 1858–1918）も、「科学的なものと超自然的なものを重ね合わせた」[108]という点で評価されていることをここで併せて指摘しておきたい。

また、内面的な感覚への関心により、科学の芸術への関わり方も変化している。初期の自然主義においてのように芸術が科学理論にいわば支配されるだけでなく、科学と芸術が相互に影響し合っているのが見受けられるのである。たとえばジュール・アントワーヌが第五号で紹介しているのは、ジャン＝マルタン・シャルコー（Jean-Martin Charcot 1825–1893）とポール・リッシェ（Paul Richer 1849–1933）による科学書だが、それは最近のヒステリー研究の発展という観点から芸術を見るというものである。さらに、先ほどふれた病理学の研究書の書評において、評者はこの「科学の作品」が「科学者のものであると同時に哲学者の作品」であろうとしていることを説明し、『芸術と批評』の読者に向かって、この作品を「芸術と考える」ことのできるような感性があるかどうか問うている[109]。科学とオカルティズムの関係と同様に、ここでは科学書と芸術の著作の境界が曖昧になっているのである。前述した自然や宇宙が我々の認識をはるかに超えているかもしれないという実感と、それを人間が意識できない部分で知っているという驚きを背景にした科学のあり方の変容は、それほどの地殻変動を伴うものなのである。

十九世紀後半のこのような科学的な状況を扱った論文で、多賀茂はこの自分で自覚できない知覚の主体を「無意識」とし、「科学的知識は、意識がとらえていない現実を明らかにしてくれる[110]」ものになり、それにより「真理は常に意識の外にあることになる[111]」と説明している。本書でも、この意識で知りえない内面的な知を「無意識」と定義したい。ただし、演劇という芸術との関わりを見るにあたり、科学的な立場からだけではなく、『芸術と批評』においてひとつのトポスをなしている科学と神秘主義が交錯する場で、この無意識を捉え直してみたい。『芸術と批評』の記事のなかで内面的な知を直接とりあげている部分を検討しながら、本書で問題になる「無意識」の概念を掘り下げてみよう。

## 5　美学の基盤としての無意識

『芸術と批評』では、しばしば第六感[112]や「心的な力[113]」や「自我の力[114]」に焦点を当てた記事が見受けられ、人間の内的な感覚への関心が窺える。これは先ほど述べた感覚を規定している内面性の存在への興味が背景にあると考えられる。なぜなら、その内的な感覚と世界の神秘の認識が結びついていくからである。第六感についてふれた記事は『普遍的存在』という神秘主義を科学の知見を取り入れながら説明している著作の書評だが、評者は、第六感にふれたあと、異なる文化において共通の思想が誕生する場合のあることを指摘しながらこう述べている。

人間には真理へとひらかれた窓が自分の内部の聖域にある。しかし、情念、欲望、ドグマや偏見、個人的なエゴイスムや社会的なエゴイスムといったレンズがそれをゆがめてしまっているのである。[115]

ここでは、本の内容の説明として、感情やエゴイスムによってゆがめられているものの、人間の内奥には真理へとつながる「聖域」があると述べられている。評者はこの本にヒンドゥー教のつよい影響を見いだしているが、実際このような自我の捉え方はヒンドゥー教——正確に言うならウパニシャッド哲学——の「アートマン（真我）」の概念と似通っている。アートマンとは、意識のもっとも深い内側にある個の根源を指す用語である。ウパニシャッド哲学における悟りとは、アートマンと宇宙の原理が同一であることを認識すること（梵我一如）であるが、感情や感覚によって心が波立ち濁っていると、その奥底にあるアートマンの姿は見えないとされる。この意識的な心の働きをなくしたところにある深い自我こそ、先ほどの内面的な知の主体であり、本書で「無意識」という言葉によって捉えようとしているものである。しかしこれは、主体自身にとっての「内面的な自己」というよりも、むしろ三人称でとらえられるべき審級であることを言い添えておく。先に挙げた引用では、アートマンが宇宙の原理と一致することによって真理を啓示するものであるのと同様に、「聖域」と称されている人間の内奥の部分が「真理へとひらかれた窓」であることが述べられている。本章の冒頭で「生への関心」という語で示そうとしたのは、このような世界あるいは宇宙の神秘へとアクセスするために、意識的な情動や知覚に影響されない潜在的な感覚を探究しようとするあり方である。

本書でこの無意識についての探究を軸としたのは、この人間の内面や魂へと向けられた視線が、十九世紀末の変革によって現れつつあったあらたな芸術の模索の中心となっているからである。神秘主義者で若手の詩人であったロレンツォ・ヴェロ（Lorenzo Vero）は、『芸術と批評』でゾラの『獣人 *La Bête humaine*』について書きながら、このことを示唆している。

> 今日では、有機化学や生理学、心理学が入りこんでくることによって、物事の背後にある理は、生物学において探究されなければならないかのようである。ちなみに、この二〇年来のゾラの努力はすべてそこにとどまっている。しかしながら、おそらくそれをさらに掘り下げ、恥ずかしさを装ったりせずにはっきり認めなければならないのだ。人間の魂こそが、〈現実〉が見え、説明されるための唯一かつ真実の遠近法の中心であるということを。そここそがあら

たな、そしてゆたかな美学の確固たる基礎なのである。[116]

ここでは、我々が現実世界を知りうるのは魂を通じてのみであり、その魂があらたな美学の基盤となるとされている。存在の内的次元である魂が美学の革新の場になっているというヴェロの見方は非常に示唆的である。ただし、ここでヴェロはゾラにはそういう部分はまったくなかったとしているが、これは誤解の部分が大きい。すでに見たように、ゾラは生の一瞬一瞬に詩的な瞬間を見いだそうとし、小さな生から崇高な詩を生み出そうとしていたからである。確かにゾラは内面的なものの探究を科学に大きく依拠しながらおこなった。しかし、ゾラが重視していたのは、本章第2節3項で引用した詩の「真の人間的意味」を復権させたいという考えからもわかるように、生のなかにある詩を文学として昇華させることだったのである。そもそもゾラは、一八八一年に「科学的方法を導入したのは我々ではない」と主張し、それは「ひとりでに文学のなかにしっかり導入されたのであり、この動きは食い止めようとしても続いていくだろう」と述べている。ゾラにとって科学的方法の参照は時代の流れによるものが大きかったのである。さらに続けて「我々は、現代の文学で起こっていることを確認したにすぎない[117]」と書かれていることからも、ゾラが科学的方法を取り入れたのは、その時代ごとにもっとも効果的に伝わる方法で生を探究するためであることがわかる。

そして十九世紀末のこの時代、表現のための基盤は本人にも意識できない内奥の部分へと移行しつつあった。移行の時期であるためか、そのための表現の模索は時に稚拙と感じられるほど直接的に「生」という言葉を繰りかえしながらおこなわれる。しかしながら、このように「生のふるえ」をほとんど愚直に希求している様子こそ、これまでにないあり方で我々の生が現れてきていることに対する驚きの大きさをよく表しているのではないだろうか。

# 第3章

# 認識というドラマ

## 認知の内面化とあらたな劇作術

これまで、十九世紀末の芸術をめぐる言説において、いかに無意識の問題系が前景化してきたかを見てきた。それではこのような変化は、劇作にはどのように表れてくるのだろうか。本章では、まず戯曲の構成論理の変容についてまとめ、その後にモーリス・メーテルランクの一幕劇をとりあげてあらたな劇作術の具体例を提示する。

ここで注目したいのは、自然主義と象徴主義の交錯の産物とされる作品である。十九世紀末フランスでは、自由劇場に続いて芸術劇場が設立され、演劇を革新しようとする意図が非常にさかんであった。しかしながら、致命的な問題として、劇作家にめぐまれなかったという事実があった。この時代の演劇の記憶が現在ではほとんど埋もれてしまっている理由のひとつは、それが現在でも再演されるような作家を生まなかったことにある。こうしたなかで成功したのが、自然主義と象徴主義の特徴を同時に兼ね備えていたと現在評される作品なのだが、それらはフランス国外から取り入れられたものであった。とりわけストリンドベリ（Johan August Strindberg 1849–1912）やイプセン、ビョルンソン（Bjørnstjerne Bjørnson 1832–1910）といった北欧の作家たちの戯曲が十九世紀末フランスの演劇界を牽引し、あらたな演劇の方向性を示した。現在ではこれらの作家と同じ文脈に位置づけられるチェーホフ（Anton Pavlovich Chekhov 1860–1904）の作品は、十九世紀末フランスではあまり上演されなかったが、同じロシアのトルストイ（Lev Nikolayevich Tolstoy 1828–1910）の『闇の力 *La Puissance des ténèbres*』は比較的早い一八八八年に自由劇場で上演され、大きな影響を与えた。それが自由劇場で上演され、もっともリアリズム的と評されながらも「イデアリズム演劇の非常に強力な作品」と言われたのは前述のとおりである。より身近なところでは、ドイツのゲアハルト・ハウプトマンの作品も、当時のフランス演劇への影響は大きい。そして当時フランスと文学的に非常に近しい関係にあったベルギーの作家であったメーテルランクやシャルル・ヴァン・レルベルグ（Charles Van Lerberghe 1861–1907）もここに名を挙げることができる。ただし、彼らの作品は完全な「外国」のものと言うことはできないだろう。というのも、彼らは母語はオランダ語であったが、フランス語で教育を受け、作品の執筆もフランス語でおこなったからである。また、フランス人作家の作品や記事がベルギーで出版されることも非常に頻繁であり、アルベール・モッケル（Albert Mockel 1866–1945）やエドモン・ピカール（Edmond Picard 1836–1924）といったベルギー出身の作家たちがフランスの文壇にも一定の位置を占めていたという状況もあった。とはいえ、ベルギーの作家たちの作品が「北方」の雰囲気を漂わせていたことは確かであり、それらが北方神話への憧れという文脈から、どこか異国のものとして受容されたことも事実である。[118]

これらの作品は十九世紀末当時に影響力をふるっただけではなく、その多くは現在でも頻繁に上演され、「自然-象徴主義 naturalo-symbolisme」の作品として現代演劇においても重要な位置を占めている。ここでこれらの作品に着目するのは、それらが「生への関心」につよい影響を受けていると見受けられるからである。本章の前半では、この「生への関心」が高まった結果として、劇の「認知（アナグノーリシス）」のあり方が変化したことをまず示したい。「認知」の変容に注目するのは、それが戯曲と俳優と観客のあいだに織りなされる関係を大きく揺るがすことになるからである。このような劇の力学の変容について、これまでに抽出してきた特徴も参照しながら明らかにすることで、俳優論の準備とする。

後半では、その劇作術の典型として、モーリス・メーテルランクの初期作品をとりあげる。この作家をとりあげるのは、すでに述べたようにメーテルランクの作品がフランス語で書かれ、フランスの文脈を反映していたこともあるが、劇の内容だけでなく構造や台詞そのものが現代劇を予告するものになっているからである。先に挙げた他の作家が、劇形式とともに台詞の語調をある程度保ちながらあらたな劇を模索したのに対し、省略が多く、基礎的な語彙で編まれたメーテルランクの文体は、そのままですでに現代劇の一ページを見るようであり、たとえばサミュエル・ベケットの極限にまで切りつめられた文体へとつらなっていくものである。[119]メーテルランクが現代でも上演され、演劇の意味を問いなおすような示唆的な舞台を生み出しているのはこのためでもあるだろう。

写真５　メーテルランク『群盲』
ドゥニ・マルロー演出（2002年）

メーテルランクの初期作品は、現代においてあたらしい舞台を生むきっかけとなったテクストのひとつとして挙げることができるのである。一九八五年のクロード・レジによる『室内 *L'Intérieur*』は少し年月を経ているもののいまだに現代演出の重要な参照点であり、そのことは、二〇一四年になってクロード・レジがふたたび同作品を演出したことからもわかる。

また、とりわけ注目したいのは、メーテルランクの作品が俳優の舞台における存在について刺激的な示唆を与えるという点である。二〇〇二年のドゥニ・マルローによる立体マスクと映像の使用だけで俳優を一切つかわない『群盲 *Les Aveugles*』の上演の衝撃は非常に大きなものだった〔写真５参照〕。ジャック・ランシエールは、マルローにより『群盲』が上演される二年まえの講演で、メーテルランクを上演するためには「あらたな身体」が必要であると語っているが[*120]、それがテクノロジーを用いて実現され、舞台上での俳優の存在を根底から再考することを促したのである。またこれは、あとに見るように、上演の物質性を障害とし、俳優の身体性が介在しない舞台を理想とした象徴主義演劇の夢と共鳴する点でも興味深い。このように、メーテルランクの劇が投げかけてくる俳優の存在の問題は、十九世紀末から現在に至る舞台において非常に刺激的なものであり、世紀転換期に見られる俳優の存在の役割の変化について考えるためには詳細に分析されなければならない。本章では、彼の劇作術の分析を通して、俳優のあり方に変化を促した劇の構造の変化を明らかにしたい。

## 第1節　自然主義劇作術と象徴主義劇作術の弁証法

### 1　「認知」の内面化——認識を見せる劇へ

これまで、十九世紀末において生への関心が非常に高まり、しかもその興味が内面性のより潜在的なレベルへ向かっていった様子を、いくつかの例を通じて観察してきた。それは、意識的な内面から主体自身が把握できないような内面性への移行である。また、そこにはしばしば知らないうちにみずからの内部で起こっている認識こそが「真実」を捉えているという考え方を見いだすことができ、この認識があらたな芸術の基盤になる可能性を示唆した。このことから考えると、十九世紀末の「ドラマの危機」と呼ばれる劇作術の変容は、この内面的な認識が劇の筋の中心に据えられることによって起こったと考えられる。

このことについて検討するうえで、ドイツの美学者であり哲学者であるペーター・ションディの理論を参照することから出発したい。ションディの名にはすでに序章で言及しているが、ここでその理論について少し説明しておこう。彼の理論は、まさにここで問題にしているイプセン、ストリンドベリ、チェーホフ、メーテルランク、ハウプトマンらの作品を扱いながら、「絶対劇 le drame absolu」(121)の構造がいかに危機を迎えていたかを明らかにしたものである。その理論は、ドラマは必ずしも危機にあったのではなく、変容の過程にあるのだというジャン＝ピエール・サラザックの主張によって和らげられながら、現在の演劇研究の基盤となっている。
ションディの主張によれば、「ドラマの危機」という事態は、ドラマの中身が形式にそぐわないようになったことが原因である。そしてその中身とは、たとえばイプセンにおいては多くの場合「過去」であり[122]、ストリンドベリにおいては「主観的な自我の表出」であるという分析がおこなわれる[123]。ここで指摘したいのは、それが登場人物のあいだで行為を伴って起こるできごとではなく、ある人物の内部で起こることであり、それが外的な行動を必ずしも伴わないという点である。つまりそれは、見えないところで起こる「できごと」であり、内的な認識である。

　これを、劇において根本的な要素である「認知（アナグノーリシス）」の観点から考えてみよう。アリストテレスの『詩学』においては、「認知」とは「人間関係の認知である」と明記されていた[124]。典型的な例を挙げるなら、それはエレクトラとオレステスが互いを姉弟と認識する瞬間である。またそれは、オイディプスがみずからの父と母がだれであったかを知る瞬間でもあるが、それが自身の知らなかった自己への気づきでもあったことを考えるなら、ここにはすでに内面的な認識の契機が潜んでいたと言えるだろう。さらに、オイディプスがこの気づきとともにみずからの目をつぶして盲目になることも示唆的である。盲目は、予言者テイレシアースを思い出すならば、「見えない」ことの印であるというよりも「見えないものが見える」ことの象徴だからである。

　十九世紀末の劇における「認知」は、このような自己の認識につらなるものである。つまりそれは自分の知らなかった自己を認識することであり、見えない次元を認識することである。そしてこのとき劇のダイナミズムをつくり出すのは、その見えない次元の影響の大きさである。ションディがイプセンやストリンドベリの劇の中心にあると分析した「過去」や「自我」は、本人には制御できないものとして描かれていることをここで指摘しておきたい。このような特徴は、イプセンの『ゆうれい』の主要登場人物であるアルヴィング夫人の台詞によく表れている。ここで少し引用してみよう。

アルヴィング夫人
わたしたちのなかに現れてくるのは、父や母から受け継いだものだけじゃなくて、古い、死んだはずの考えや信仰とかいうもの。息をしているのではないのに、やっぱり潜んでいてどうしても追い出すことができないもの。新聞を読んでいても、行と行のあいだにゆうれいが潜んでいるような気がする。国じゅうにゆうれいがひしめきあっている、浜辺の砂ほどに無数に。(125)

イプセンの戯曲に動きをつくり出している「過去」は、作品によっては登場人物に実際に起こったできごとの場合もあるが、ここでアルヴィング夫人は両親から受け継いだ記憶だけではなく、より遠くへとさかのぼる記憶を示唆している。それは人類の集団的な記憶を思わせるものである。まず、それが死んでいるはずなのに「どうしても追い出すことができないもの」としてあちらこちらにはびこっているような感覚を与えるものであることに注目したい。また、この過去は、見えるような見えないようなものとして、幽霊に喩えられている。ただしそれは、可視と不可視のあわいにありながらも、「ひしめきあっている」という印象を与えるものである。ここで生は、「どうしても追い出すことができないもの」が我々の生活に無数に入りこんで、その場を占めてしまっているという感覚によって認識されているのである。

あるいはストリンドベリの戯曲では、人物はつぎのようなつぶやきをもらす。『ダマスカスへ』は、「見知らぬ人」と呼ばれる主要人物がさまざまな人と会話を交わす短い場面の集積により成り立っている戯曲である。ここでは、その前半の台詞を見てみよう。

見知らぬ人

雲が消えたね。高い空が見える。風は収まった、くすぐるほどにしか感じられない！　これこそ人生だ！　そうだとも、いま僕は生きている。この今の瞬間は！　そして自分の自我がふくらみ、拡がっていき、拡散し、無限に大きくなっていくのを感じる。僕の血である大海のなかで、僕の骨である岩壁のなかで、樹木や花のなかで、そして僕の頭は天にまで達し、自分という宇宙の外を見ているのだ。僕は自分のなかに、創造主の力を感じる。なぜなら僕が創造主なのだから。[126]

ここで彼は、空を見つめることをきっかけに生きている実感を語りだす。そしてそれは、自我が膨張していくことにより世界と自分との一体感を感じ、そこから「宇宙の外」を見るという体験の語りへと結びついていく。世界と自分が一体となってなにかを認識するというこの特徴は、『芸術と批評』を介して見た神秘主義的な認識とそのまま一致するものである。さらに見知らぬ人は、旅の後半で「この世には……これまで僕の信じていなかった……力が存在する」ことがわかりかけてきたと話す。[127]また、この「見知らぬ人」というのが、なによりも「自分にとっての見知らぬ者」[128]としばしば指摘されることも言い添えておこう。

このように、内的な存在への気づきは、より明示的に劇の中心に置かれることになる。劇の「認知」が、複数の人間のあいだからひとりの人間の内奥へと内面化していくのである。こうして、同じ変容期の作家であるメーテルランクは、表現の核心を「ただ生きるというその一事に対する驚き」とし、「魂の存在をそれ自体で、決して活動をやめない無限の広がりのただなかで見せること」こそ演劇の本質だと言うのである。[129]

また、マラルメの演劇観にも、この文脈に位置づけることのできる部分がある。当時の俳優たちの演技に対する発言を見てみよう。

そして、わたしは――世界に移してこられた一詩人による、雰囲気の知覚をたよりに語るのであるが――ここで、現場の俳優たちの、当然ながら強調された見せ方や言い方と、生のきわめて捉えがたい繊細さという性質のあいだに、まだ満足な関係が続いているのか答えてほしいと思うのである。(130)

マラルメがここで当時の俳優の演技に疑問を唱えているのは、その演技が「生のきわめて捉えがたい繊細さという性質 le caractère tout insaisissable finesse de la vie」とそぐわないからである。これは、マラルメが演劇を「生」を表現するものだと考えていたことの現れであると言える。(131) またマラルメは、舞台とは「わたしたちがその偉大さを見つめるためにこの世にいるような神秘へとひらかれた場」であると述べている。(132) それでは、ここで言われている舞台を通して現れてくる「神秘 le mystère」とはなんだろうか。彼にとって芸術によって現れてくる観念 idée が「人間精神のなかに存在する神性 la divinité présente à l'esprit de l'homme」(133) であったことを考えるなら、この神秘とは「自己の神性」――メーテルランクにおける「魂」と呼応するような、人間の生であると考えられる。

劇形式が内面から揺るがされたのは、この生きていること自体がもつ力――普段の生活のなかでは顕在化しないような生の力――を表現する方法を模索したためだと考えられる。このような生の力は、潜在的なレベルのものであるために、直接表象することは困難だからである。こうして、ひとりの人物のなかで起こる内的な認識が劇の中心に据えられたのではないだろうか。

本書では、これを「認知の内面化」と呼ぶことを提案したい。認知が内面化することにより、劇は思弁の作用によって現在行動している時間からは自由になり、行動によって構成されるような「筋」を失い、人物間の劇的衝突（アゴーン）は希薄になっていくことになる。ハンス＝ティース・レーマンは、現代演劇において劇的衝突が表面的には不在であるように見える状況を、劇的なプロセスの場が複数の身体の「あいだ」から一個の身体の「内部」へと移行していることの表れとして捉えている[134]。つまり、衝突や争いが、人物間に起こるできごととして模倣により再現され複数の登場人物によって担われるのではなく、俳優の身体のうちで起こる内的・身体的なできごとになってきているのである。こうした文脈においては、内的であることと身体的であることは矛盾しないということを強調しておきたい。というのも、これは俳優訓練術の発展において、ボディワークが外面的な型をつくるためというよりも内面へと働きかけるものになっていくということを理解するのに重要な点だからである。それでは、認知が内面化し、劇のダイナミズムがひとりの人間のなかで起こるものへと変容していくとき、劇はどのようにその構造を変えるのだろうか。部分と全体の問題を検討しながら考えてみよう。

## 2　部分の詩学と全体の詩学

あらたな劇の構造を考えるとき、部分と全体の問題は非常に重要である。というのも、複数の人物の関係性からひとりの人物の内部へと焦点が移るとき、劇は規模の変更を余儀なくされるからである。このとき注意しなければならないのは、この移行が規模の縮小とは限らないということである。むしろ、生に対する驚きを示すという意味では、劇の規模は限りなく大きくなったとも言える。十九世紀末の舞台上での探究は、こうして「部分」か「全体」かの両極端へと向かっていった。このことについては当時の演劇人たちも意識していたようである。芸術劇場で活動していた劇作家ピエール・キヤール（Pierre Quillard 1864–1912）は、つぎのように述べている。

生の完全なイリュージョンを与えるのに、細心細密に正確な舞台装置をつくり、上手と下手のあいだでさやさやと音を立てる本物の泉や肉屋の台に置かれた［血のしたたる］肉などを舞台に置くのが巧妙なのだという思いこみがあった。しかしながら、事物の外側をすべて表象しようとする細やかな注意があったのにもかかわらず、劇は失われてしまい、よくわからないものになってしまっていた。そして、イリュージョンが完全に欠けていた。それは自然主義、つまり個別の事実や些細で本質的でない資料を作品にすることが、演劇とはまさに正反対の方向性だからである。
あらゆる劇作品は、なによりもまず総合である。プロメテウス、オレステス、オイディプス、ハムレット、ドン・ジュアンというのは、そこに唯一絶対のさまざまな情念が驚くべき強度で体現されるような一般的な人間性の存在なのである。詩人は、このような存在に、超自然的な息で命を与える。[135]彼らを言葉の力によってつくり出すのであり、そうするとこれらの存在は永遠の巡礼者として世界へと旅立つのである。

ここで言われている本物の泉や肉を置いた舞台とは、当時話題になった自由劇場の公演のことを指している。つまりキヤールは、アントワーヌの舞台を批判しているのである。キヤールにとっては、「細心細密に正確な舞台装置をつくり」、細かい部分にこだわることは、劇のイリュージョンをそこなってしまうことなのである。そして、自然主義を「個別の事実の作品化 mise en œuvre du fait particulier」とし、そのような「部分」へのアプローチは演劇というジャンルのあり方とはまったく逆を行くものだと述べている。なぜなら、キヤールの考える演劇とはなによりまず「総合 synthèse」だからである。そして、人間の普遍的な情念を凝縮して具現化することのできるような「一般的」な存在を示すことこそが演劇の核心とされる。つまり、示したいものを代表することのできる総合的なもの――ある「全体」に直接アプローチする方法である。これは自然主義演劇を部分の詩学として、象徴主義演劇を全体の詩学として位置づけていると言えるだろう。

実際のところ、象徴主義演劇の拠点であることを宣言していた芸術劇場の舞台は、全体の詩学によって特徴づけられていた。そのことは舞台装置の捉え方によく表れている。芸術劇場の代表だったポール・フォールの回想録によれば、芸術劇場のメンバーたちは、自分たちの舞台のことを「総合的な舞台装置 décors synthétiques」と呼んでおり、その背景には「舞台装置はドラマとアナロジーをなす色や線によってイリュージョンを補う単純で装飾的なフィクションである」という考え方があった[136]。劇空間が、登場人物たちのいる場所を示そうとするような表象の論理によって成立するのではなく劇のアナロジーとなるというのは、現代演劇にも通じる考え方である。さらにそれが、ある場面やテーマのアナロジーではなく、劇そのもののアナロジーとなっていることは注目に値する。劇のもっている全体的な雰囲気を、独自のアナロジーによって色や線によって表す「総合的な舞台装置」は、象徴主義演劇における全体を伝えようとする欲望をよく表していると言えるだろう。

キヤールはこのような全体の詩学によって「生の完全なイリュージョン illusion complète de la vie」に到達しようとしたようだが、当時の演劇が結果的に向かった方向は別のものを示唆している。というのも、本章の冒頭でふれたような作品は、日常的な生活の一場面という自然主義的な舞台設定のなかに魂の神秘を垣間見せるという特徴を備えているからである。つまり、壮大な筋立てのなかに魂や生の神秘を感じさせるのではなく、むしろごく小さな一場面のなかに、大きなものを感じさせる作品が「生のイリュージョン」を舞台に提供していくことになるのである。そのためには、部分にだけ集中することも、全体に直接向かうことも、どちらかだけではうまくいかない。部分は部分、全体は全体として分けてしまう態度こそ、「生のイリュージョン」に辿り着くのをさまたげるものだったのである。このことには、芸術劇場のメンバーからは自然主義の体現者として嫌われていたアントワーヌやジャン・ジュリアンのほうが敏感であったのかもしれない。実は、キヤールよりも先に「総合」という言葉で演劇を理論化しようとしたのはジュリアンだったのである。「総合」の理論は部分と全体を結びつける力学を考えるうえで重要だが、部分を経由してこそ全体に到達できるということを否定していてはその価値は充分に発揮されない。そのことをジュリアンの理論を検討しながら考えてみよう。

## 3　ジャン・ジュリアンと「総合」の理論

ジャン・ジュリアンの「総合」の理論は、省略が非常に重要な技術となる現代劇作術を予感させるものとなっている点でも非常に重要である。ジュリアンは、キヤールより一年ほど早い時期にすでに戯曲を「生の総合 la synthèse de la vie」と定義している。そして、大部分の演劇人が「戯曲の技術とは準備の技術である」という小デュマの意見に賛成するなかで、伝統的な劇作術においては不可欠な要素である導入部の説明や大団円を「二つの不要なこと」だとはっきり述べた[137]。そして、戯曲の特徴を小説と比較しながら説明している。その部分を少し引用してみよう。

> まとめると、分析が終わったところに総合がやってくる。というのも、戯曲とは人生を芸術によって総合したものだからである。それは、人生の分析でしかない本とは対照をなすものである。［戯曲の］作者は、自分の登場人物たちと長いあいだ心のなかで生活をともにし、彼らのように考えられるようになり、そしてまもなく登場人物のそれぞれに固有な言語をものにして、当然のことながら場違いに文体を追求することなく、真の対話を書くことができるようになるのである。［……］対話は耳に届いた瞬間に観客を驚かせるように簡潔で活発で、特にイメージと比喩に富んだものになるべきである[138]。

ここでジュリアンは、長さをもった小説においてはうまく機能した「分析 analyse」というあり方は、上演時間の限られる戯曲では通用しないのだということを指摘している。劇作家は、小説家の作業である分析が終わったあと、さらにそれを「総合」へと作り替えなければならないのである。この作業があまり意識されていなかったことが、当時小説に比べて戯曲に成功作が出なかった一因と言えるかもしれない。そして、「総合」をおこなうためには、「登場人物たちと長いあいだ心のなかで生活をともにすること vivr[e] mentalement longtemps avec ses personnages」が必要だとジュリアンが説明していることも注目に値する。ここで興味深いのは、人物から典型的な特徴を抽出することによって登場人物を造型していくのではなく、人物と心ゆくまで「時間を過ごす」ことによって、いわば自然のなりゆきにまかせて内側から登場人物を知っていくというあり方である。ジュリアンにとっての「総合」とは、作家がある職業やある気質の典型的な表れ方を考え、外側から人物造型をすることではない。彼は、登場人物と同じように思考することができるようになってようやく台詞を書くことができ、そうすれば文体の追求という作家の自意識がなくなることをほのめかしているが、人物造型そのものも作家の意識的作用から自由にすることが求められているのである。これは、すでに見たアントワーヌにおける「意味」のつくられ方とも共通している。アントワーヌが、舞台上に「こまごまとしたものを過剰にあふれさせる」ことによってそれらからひとりでに見えない意味をこぼれさせていたように、ジュリアンは登場人物を「観察する」わけではなく、彼らと「ともに生きる」ことで――もちろんこの過程も無意識の観察を無数に含んではいるだろうが――台詞を誕生させようとするのである。このような特徴は、部分から全体に向かう力学について考えるうえで重要なことを暗示している。それは、意識的に操作することよりも、「待つ」ことのほうが効果的だという逆説である。またここで、ジュリアンが劇中の対話を簡潔でありながら「イメージと比喩に富んだもの」と強調していることにも注意しておこう。簡潔なものからイメージと比喩の力によって遠くに行くこともまた、部分から全体へ向かう力学と結びついているのである。具体的な分析に移るまえに、この独特のダイナミズムを少し検討しておきたい。

## 4　「断片」のダイナミズム

「総合」をいち早く理論化していた点でジュリアンは特異な存在であったと言えるが、彼はさらに、リアリズム演劇とイデアリズム演劇の統合すら夢見るようにまでなっていった。以下は一八九六年に出版された『生き生きとした演劇』第二巻の一節である。

リアリズムは、妖精ものをそこなうものではまったくなく、補うものである。こうしてイデアリズム演劇は、いつか大作家が両者をつきあわせ結びつけてくれるのを待ちながら、リアリズム演劇のとなりで生きつづけなければならないのである。(139)

ここでジュリアンが夢想していた「大作家」の役割は、一八九四年から一八九六年のあいだをパリで過ごしたストリンドベリが果たしていくことになる。ストリンドベリの戯曲は、ごく身近な生活の断片を描きながらも、その断片が論理的にひとつの物語へと集約していくのではないという構成により、リアリズムの作品とは呼べないものになっている。また、断片をつなぐための「枠」が夢や幻想となっていることも特徴的である。先ほど一節を引用した一八九八年の『ダマスカスへ』の場合、登場人物がだんだん若返っているかのような描写があったり、場所がすぐに移り変わったりするのだが、最終的にそれはすべてが登場人物の幻覚であり、熱に浮かされて見た夢だからだと説明される。さらに一九〇一年の『夢の戯曲』は、やはり同じように非連続的な場面から成り立っているが、雷神インドラの娘が地上に降り立って人間の生活を体験するという設定によって、ひとつの作品になっている。一八九二～九六年の断筆期間後のストリンドベリの作品は、このように現実と幻想の入り交じった作品として、現代劇作術の嚆矢となっている。また、非連続な断片の集積の総体として全体がつくられるという劇の構造は、モンタージュの技法へとつらなっていく重要なものである。

しかしながら、断片のダイナミズムを示すには、この一九世紀末にさかんに書かれるようになるより特徴的な形式がある。それがストリンドベリにより「来たるべき劇の規範[140]」と称された一幕劇である。一幕劇とは、その名が示すように一幕だけからなる短い戯曲であり、自由劇場では、ウェルメイド・プレイの構造を揺るがすものとしてしばしば上演されていた。これは劇のあらたな構造を考えるうえで非常に重要である。現代の劇作家であり演劇理論家でもあるジョゼフ・ダナンは、これを「ドラマの危機の（おそらく主要な）症候のひとつ[141]」と目しているほどである。これは、ションディが「一幕劇は劇を小規模にしたものではない[142]」と述べていることからもわかるように、短い戯曲形式が単純な作品の長さの変更を示しているわけではないからである。つまり、一幕劇はこれまでのドラマを単に相似縮小したものではなく、さらには長い劇の一部分を取り出したものでもなく、戯曲の構造自体の変化の徴候となっているのである。

第2節では、ここまで見てきたあらたな劇作術の具体例として、メーテルランクの一幕劇をとりあげたい。それは、彼の一幕劇が、ここで明らかにした「認知」の内面化と部分から全体を見せる独特の力学とのどちらにおいても非常に典型的な例となっているからである。

## 第2節　メーテルランクの一幕劇における「劇」の在処

### 1　できごとと認知のあいだで

一幕劇はメーテルランクの初期の作品であり、『忍び入るもの *L'Intruse*』、『群盲』（ともに一八九〇年）、『室内』（一八九四年）の三作品からなっている。これらの一幕劇は一般的に「静劇 le drame statique」と呼ばれる。登場人物たちがほとんど行動することがなく、不動の状態にあるからである。これは、この作品の時間性の独特さに起因している。メーテルランクの一幕劇は、決定的できごととその認知のあいだに位置する空隙の時間からなっている。つまり、決定的なできごとはもうすでに起こってしまっており、そのできごとが起こるまでの諸要因の絡み合いも、そのできごとが引き起こす波紋も描かれることはない。できごとでもその告知でもない宙づりの中途半端な時間が、ゆっくりとひきのばされるのみである。これは三作の順を追うごとに明瞭になってくる。ここで、作品の内容を簡単に説明しながら、これを明らかにしてみよう。

一作目の『忍び入るもの』は、古城のある一室が舞台となっており、この部屋に盲目の曾祖父、父親、叔父、三人の娘が集い、父と叔父二人の姉（娘たちの伯母）がやってくるのを待っている。左の扉の向こうでは出産を終えたばかりの母親が死を迎えようとしており、右の扉の向こうではまだ産声をあげないままの赤ん坊が眠っている。劇は修道女により母親の死が告げられるまでの時間をとりあげているが、この告知自体は十字を切る仕種によって示され、戯曲では最後のト書きの数行を占めるのみである。また、母親の死自体は劇中の時間で起こるものの、冒頭からの陰鬱な空気や「いったん病が家のなかに入りこんでくると、家族のなかによそ者がいるような気がする」(143)といった発言、あるいは盲目の曾祖父がまるで死者の声を聞くように まだ生きている母親の声を聞く場面から、幕が上がったときからすでに死は部屋のなかに決定的に入りこんでしまったあとのようにも見える。

『群盲』では状況はよりはっきりしている。この戯曲の舞台は「深く星を散りばめた空のもと、永遠の相を帯びたとても古い北の森」(144)であり、中央に大きな木をはさんで右側には六人の目の見えない男たちが、左側には六人の目の見えない女たちが坐っている。彼らは普段は施療院で生活をしているが、年老いた神父に導かれて外出し、「黙って待っているように」と言い置いて去った神父を待っているところである。すでにかなり時間が経過しており、時間も場所もわからずになかなか戻らない神父を待つことに不安がつのりはじめているのだが、実は神父は舞台中央の巨木の幹にもたれ、「死んだようにじっと」(145)坐っているのである。戯曲は、盲人たちが案内人である神父の死――それはすなわち、近い将来の自分たちの死に直結するものである――に気づくまでの時間をとりあげている。ここでは幕が上がったそのときから決定的なできごとはすでに起こってしまっているが、中央に坐りこんだ神父がすでにこと切れているという事実は、観客にもしばらくはわからないことである。

これに対し『室内』では、これまでの二作では断言されないままになっていた「死」という語が冒頭すぐに口に出され、決定的なできごとのあとから劇が始まるという構成はより明確になっている。この戯曲の大半は、川に身を投げた娘の遺骸を発見した見知らぬ男と老人が娘の死を告げるために家族のもとを訪れ、庭から家族の様子を眺めながら家のなかに入ることができず躊躇する部分から成っており、老人が家のなかに入ってからの告知の場面はパントマイムにより表現される。戯曲はやはり、娘の死とその知らせという決定的瞬間のあいだの宙づりの時間をとりあげているのである。悲劇において告知の場面が表象されることはあっても、死と告知のあいだの躊躇の時間は空白になっているのが普通である。しかしメーテルランクは、こうした時間にこそ生の深い悲劇を見ているのである。

生の真の悲劇——より普通で、深く、一般的な悲劇——は、冒険や事件、苦痛、危険というものが過ぎ去ったあとにしか始まらないのではないか——そう言ってしまうのは大胆にすぎるだろうか。[146]

『貧者の宝 *Le Trésor des humbles*』のなかで、メーテルランクはこのように問いかけている。しかしこうした時間は、できごとはもうすでに起こってしまっており、あとはそれが告げられるのを待つだけであるという性質上、静止状態にあるものである。

ションディは、メーテルランクのこのような劇のあり方を「筋立て action の劇」から「状況 situation の劇」への移行として捉え、「メーテルランクの静劇は筋立てを完全に放棄している[147]」と断言している。しかし本節では、先ほどの認知の内面化という観点から、この静止状態のなかにあらたな「筋 action」の可能性を見いだすという試みをおこなってみたい。

## 2　「行動する」から「こうむる」へ

先ほどの引用で、メーテルランクは真の悲劇を「普通で、深く、一般的 normal, profond et général」と形容していた。死を受け入れるまでの時間や、だれかの死をその家族に告げるときのためらいというのはまさに「一般的」、普遍的なものであり、外的できごとはほとんど起こらないものの、心のなかの葛藤——心的なできごと——という視点から見ると非常に「深く」、大きな劇である。また、これは死を避けられない人間の存在そのものの悲劇と言うこともできる。登場人物が非常に受動的な存在として描かれているのも、その印象をつよめている。『忍び入るもの』と『群盲』の二作において、登場人物ができることと言えば「待つ」ことだけである。前者においては、登場人物たちは結局やってくることはない姉（伯母）の来訪を待っている。しかし、戯曲の雰囲気は、ほとんど若い母親の死の宣告の瞬間を待っているようなものともなっている。そもそも、姉を待っていることもふとしたやりとりにより曖昧にされることがある。たとえば姉の話をした直後につぎのような会話がある。

叔父　待ちながら、なにをしましょうか？
曾祖父　なにを待ちながらだ？
叔父　姉さんを待ちながらですよ。(148)

ベケットの『ゴドーを待ちながら』を思い起こさせるようなこの短いやりとりでは、この作品の象徴的な存在である盲目の曾祖父の「なにを待っているのか」という唐突な問いがふと落とす波紋が、奇妙な予兆に満ちた古城の雰囲気とあいまって、家族を待つという日常的な場面のなかに一瞬非日常の深淵を垣間見させている。

『群盲』では、そもそも盲目であるという事実が、登場人物が行動を起こすことを不可能なものにしている。彼らは施療院に戻ろうにも自分たちがどこにいるのかすらわからず、「ここにいるほうがいい(149)」、「待っていなければ(150)」と繰りかえすしかないのであり、さらには「まわりが棘だらけで、手をひらくこともままならない(151)」ほどである。このように「待つ」ことは戯曲を通じて強調されるが、待っていた神父が死んでいることに気づいたのちですら、彼らが選ぶのは「一緒に坐っていること」である。(152)

『室内』では、登場人物は二つに分けられている。庭にいる老人と見知らぬ男と、その庭から室内が「ある程度はっきり見える(153)」家のなかで団欒の夜を過ごす家族である。このうち家族は、初めの部分で「無言の登場人物 personnages muets」と書かれているとおり、部屋のなかで一連の動作をおこなうだけであり、もはや「話す」という劇の登場人物としては非常に重要な能力さえも奪われてしまっている。老人と見知らぬ男は、そんな家族を眺めることによって娘の死を告げる気を失ってしまい、老人は、娘の遺骸を担いできた群衆に押し出されるようにしてようやく家のなかに入っていく。つまり、この劇中の唯一の行動である「娘の死を告げること」でさえ、彼らは自分たちで決断することができないのである。

このような登場人物は、見えない次元が及ぼす人間の生への大きな影響を示しているのではないだろうか。それは、イプセンの登場人物の「どうしても追い出すことのできないもの」についての台詞や、ストリンドベリの作品の「この世には……これまで僕の信じていなかった……力が存在する」というつぶやきと共鳴するような生の神秘をまえにした一種の無力感である。アルノー・リクネールは、メーテルランクの戯曲に登場する人物はルネッサンスの人文主義的な人間観とは反対に、「本質的な神秘の直観」に支配され、「みずからの主人ではいられなくなった」人間の具現であると指摘している[154]。そして実際、これらの静劇において、世界はもはや登場人物にとって把握しきれないものとなっている。『忍び入るもの』では庭になにかが侵入してきたように白鳥や夜鳴鶯がおびえたり、鎌が空を裂く音がしたりと原因のわからない現象が続き、母親の病もそうした現象の一環であるかのように捉えられている。『群盲』の人物たちは、盲目という事実により自分たちの周囲になにがあるかも把握できず、神父の死という自分たちにとって致命的とも言える事実も知らないままでいる。『室内』の家族は、愛娘の死を知らずにいる。

そして、このような不安と対面して登場人物たちがとる手段が「小さな家のなかに閉じこもる」ことであるというのも、この「本質的な神秘」の優位を示している。『忍び入るもの』のなかの「病」が「よそ者 un étranger」に喩えられ、父親が「家族の他には、だれも信用できないということだ[155]」と言う場面によく表れているとおり、『忍び入るもの』と『室内』では「窓や扉を閉ざし、家のなかでひそやかに過ごす」ことが繰りかえし強調され、

『群盲』では神父の死を知った盲人たちの最終的な選択は「ひとつの石の上に全員で坐る」ことである。しかし、そのように鍵をかけて閉じこもっても、結局彼らは自分たちを翻弄する大きな力から逃れることはできない。閉め切られ、灯りのともされた家族の団欒を、その平穏さを砕く決定的な知らせをもった人間がすぐそばから眺めているという『室内』の舞台構成は、視覚的にそのことをよく示しており、さらにそれは台詞のなかでも強調されている。

老 人

彼ら［室内にいる家族］はこの世界を信じ切ってしまっているんだよ……彼らはあそこにいる。あのみすぼらしい窓で敵からへだてられているんだ……彼らはドアを閉め切ったからにはなにも起こらないんだと信じている。魂のなかでは常になにかが起こっているということを知らないんだ。そして世界が家のドアでは終わらないということを。彼らは自分たちのささやかな生活をあまりにわかりきった気持ちでいる。まさかたくさんの他人が自分たち以上に自分たちの生活をわかっているなんて疑いもしないんだ。そしてわたしは、この年寄りは、ここで、彼らのドアから出て二歩のところで、彼らのささやかな幸せをにぎっているんだ。この老いた手に……わたしにはこの手をとてもひらけられんよ。(156)

メーテルランクの静劇の核をなす人間の悲劇とは、まさにここで言われている「自分たち以上に、自分たちの人生についてよく知っている人間がたくさんいる」こと、つまり自分たちにもっとも近しいものであるはずのことが、自分たちの認識から逃れてしまう恐怖から成り立っている。メーテルランクは『貧者の宝』(157)のなかで、人間を「隠された真実 une vérité cachée」の「無意識な、無言の奴隷 esclaves inconscients et muets」と表現しているが、

『室内』の家族はまさにその典型的な具現なのである。それは彼らが言葉を奪われているからばかりではなく、「自分がなにを見ているかを知らず[158]」、「自分たちが見られているのを知らない[159]」からである。この作品がマリオネットのために書かれたものであるということもまた忘れてはならない。老人の言葉を借りれば「動けない人形 poupées immobiles[160]」こそがメーテルランクの登場人物のひな形となっているのである。

## 3　認識を「見せる」視覚装置

語源的には「行動・動き」を意味するドラマにおいて、「不動の人形」が登場人物となれば、劇構造は大きく変化せざるをえないだろう。ここでまず指摘したいのは、これらの劇が視覚装置として機能している点である。先ほど三作品のおおまかな設定を説明したが、どの戯曲でも空間がうまくつかわれ、劇の状況がなによりもひとつのイメージとして空間化されることで表されている。ジェラール・デッソンは「メーテルランクの作品は、どんな作品よりも、演劇が見せる技術／見る技術と不可分のものであることを示してくれる[161]」と指摘しているが、実際、どの作品の状況も空間のなかでの物や人物の配置へと写しとられ、視覚的に見てとれるものになっていることがわかる。リクネールの「場と人物は互いに反映し合い」、「場それ自体が登場人物の投影となっている[162]」という考察を推し進めるなら、空間はもはや劇そのものの具現となっているのである。つまりメーテルランクの静劇は、観客にひとつのイメージを提供し、絵のまえで立ち止まるようにしてその構図を見つめて解釈することができるような芝居となっているのである。

この意味では、ドラマという語の語源を考えるとオクシモロン（撞着語法）のように思える「静劇 drame statique」という表現も、「演劇 théâtre」という語のもともとの意味に忠実なものである。「演劇」という語の語源はギリシア語の「見る場所 θεατρου」であり、演劇がそもそも眼差しをつくり出す装置であることを示している。この点においてメーテルランクは、ブレヒトにおいて理論上の完成を見る叙事的演劇の先駆者でもある。その静劇は劇的衝突を展開していく代わりに、その劇的衝突への眼差しを提供する。デッソンが「見せる技術」だけでなく「見る技術」に言及しているのもこのためだろう。劇的衝突が目前の行為で表されるときには「見る技術」は特には要求されないが、見えないものが問題になっているときには、観客もこれまでとは違う見方を要求されるからである。メーテルランクの作品は、この眼差しの変化を促すもの、あるいはこれまでとは異なる部分への眼差しを生み出すものとして機能しているのである。

　そして、そのようにできごとに対してある視点を獲得するためには、できごとに対する距離が前提となっている。この距離が計られようとしていることは、台詞の特徴から明らかである。メーテルランクの静劇においては、本来物語の展開の原動力となるべき対話が、舞台上で起こっていることに対する距離を保ったままおこなわれることにより、逆に静止状態を助長しているのである。もっとも特徴的なのは『室内』の台詞で、これは家のなかで起こっていることが遠くでおこなわれるパントマイムでしか示されないという設定にも起因することだが、老人と見知らぬ男のやりとりは、しばしば室内で起こることを伝えるト書きのようなものになっている。ションディは、こうしたやりとりはもはや「交互に言われる描写 une description à voix alternées」[163]であると指摘したが、このとき台詞はそれぞれの登場人物に任意に割りふられたひとつの長い描写をなしており、それぞれの台詞は交換可能なものになっているのである。

　こうした特徴から、メーテルランクの台詞がギリシア悲劇のコロスの特徴を受け継ぐものであるという指摘がしばしばなされる[164]。この特徴は『群盲』においてもっとも顕著だとされるが、三作中もっとも通常の対話が成立している部分が多い『忍び入るもの』においても、コロスとの共通点については注目すべき特徴がある。この作品には三人の娘が登場するのだが、彼女たちは奇妙に一体化して小さなコロスのように現れるのである。登場人物欄に「三人の娘」と一括りに書かれているだけでなく、台詞も三人が声を合わせて話すように指示されている箇所もあり、動きも同時におこなわれる。曾祖父の問いには姉娘が代表して答えることが多いが、続く動作が同調していることもあり、姉娘はコロスのコリフェ（コロスのリーダー）のような役割を果たしていると言うことができるのである。

ここでコロスとの共通点について指摘したのは、そもそもコロスが目のまえで展開される劇との距離を前提としたものだからである。[165]『近現代劇用語集』には、「コロス性 choralité は筋の論理的な進行からははずれたところにある台詞の総体として現れてくるもの」であり、「人物と人物との関係を二次的なものにする」[166]と定義されている。ここで見ているようなメーテルランクの静劇における台詞もまた、筋の進行には関わらず、できごとからは切り離されたところで発せられる。そしてコロスが登場する部分では物語の進行がいったん宙づりになるということからもわかるように、台詞は筋を進行させる機能を失っている。むしろそこでおこなわれているのは、舞台が視覚装置としてうまく機能するように、停止をひきのばすことである。

しかしながら、ションディの分析のように、このような変化に「筋の演劇」から「状況の演劇」への転換を見るのは早計である。なぜならそのような停止点は、単なる膠着した状況とも異なるものだからである。今回とりあげている一幕劇のなかでも、重要な場面で動作の停止や沈黙によって一時停止の状態がつくられることがあり、ト書きでも「宙づりの en suspens」という言い回しが用いられるが、それは不動のなかに固着してしまうためではなく、むしろ積極的にその停止の瞬間に「なにか」が到来するのを待つためである。なぜなら、このようにひきのばされた時間でこそ内面的な認知を「見せる」ことができるからである。人物間の認知は、たとえばオレステスとエレクトラが互いの顔を見るといった動作によって表すことが可能であった。しかし内面的な認知は、そのように人物の動きを通じて示すことはできない。それを示すために、ここで見た「距離」と「停止」は重要な役割を果たすことになる。「距離」は目のまえのできごとをより普遍的な眼差しから見ることを促し、「停止」はそのような気づきを体感する時間を与えるからである。つまり、認知が内面化することによって、劇は起こっていることを観客が直接認識する形から、舞台上の人物が認識しているのを見る形へと変容を遂げるのである。このことについて、『室内』の構造に注意しながらもう少し考えてみよう。

## 4　もうひとつの劇の可能性——劇性と叙事性のあいだで

『室内』の舞台空間は、台詞の空間と無言の空間に明瞭に分けられている。ションディはこのような分割が「劇の内部に叙事的な状況を生み出している[167]」と指摘し、家の内と外という空間の分割に「劇的なもの le dramatique」と「叙事的なもの l'épique」の分割を見ている。つまり、ションディにとって家の外にいる老人と見知らぬ男は「叙事的主体」をなしているのである。しかし実際には、「無意識な、無言の奴隷」というメーテルランクの人間観が家のなかの家族だけでなく、外にいる老人と見知らぬ男にも当てはまるものであることはすでに見た。ここで考えたいのは、ションディの分割に従えば叙事的空間に現れる「もうひとつの劇」こそがメーテルランクの静劇における「筋 action」をなしているのではないかということである。その劇を捉えるために、コロスに特有の劇性についてもう少し考えてみよう。

物語とは距離を置き、その進行を止めてコメントをするという点から、コロスの態度はそもそも「叙事的なもの」として位置づけられる。叙事的演劇を打ち立てたブレヒトがコロスの使用やソング[168]の導入を試みたのは、この意味では当然のことである。また、そもそもションディがメーテルランクにおけるコロス性を指摘するのも、劇が「劇的なもの」から「叙事的なもの」へと移行していくという目的論的芸術観に添った未来図を描き出すためである。しかし時には、移行の図式を読みとるよりも、劇性と叙事性の相克の地点にとどまってみることも重要である。なぜなら、メーテルランクの一幕劇の場合、叙事的演劇への移行の過程として叙事性が劇に侵入しているのではなく、劇性と叙事性のせめぎ合いのなかにこそあたらしい劇の姿が現れているからである。

こう考えるとき、コロスのできごとに対する距離のとり方は示唆的なものである。それが目のまえの争いから離れたものであることは確かだが、しかしほとんどの場合コロスの歌は「嘆き」の形をとっており、ニュートラルな語りには還元できないものとなっている。ただしその嘆きは、できごとのなかにいる者としての感情的な嘆きであるというより、たとえばソフォクレスの『アンティゴネ』の第一スタシモン（コロスによる歌・舞踊の部分）が人間の条件についての嘆きになっていることからもわかるとおり、普遍的な感嘆である。そして、このような感嘆が喚起するものこそ、メーテルランクが追求した劇的情動と通じるものがあるのではないだろうか。『室内』に登場する老人が家のなかを眺めながら吐露する奇妙な感慨は、こうした感嘆と通じるものがある。劇性と叙事性の相互侵入を見るためにも、少しまえから引用してみよう。

**マリー**　姉娘はほほえんでいないわ、おじいさま……
**よそ者**　娘たちは窓のところを離れたね……
**マリー**　母親にキスしてるわ……
**よそ者**　姉娘は子どもの髪を撫でているな……子どもは目を覚ましていない……
**マリー**　ああ！　父親も来たわ、キスがほしいのね……
**よそ者**　そして沈黙……

マリー　娘たちは母親のそばにもどってきたわ……
よそ者　そして父親の目は、掛け時計の振り子を追っている……
マリー　娘たちは、自分たちのしていることもわからないまま祈っているみたいね……
よそ者　自分たちの魂に耳をかたむけているみたいだ……

沈黙

マリー　おじいさま、今晩は言わないでおきましょうよ！
老　人　ほらやはり、おまえたちも気をくじかれてしまっただろう……わたしにだって、あまり遅くなってはならんということはよくわかっていたのだ。わたしはもうほとんど八三歳だが、こんなふうに生の光景に打ちのめされるのは初めてだよ。どうして彼らのしていることがすべてこんなにも奇妙で重要なことのように感じられるのか、どうにもわからない……(169)

ここでまず台詞は、室内で起こっていることを描写するト書きのようなものとなっており、その機能は叙事的であると言える。ただしここで描写される動作は大きなできごとをなすものではなく、赤ん坊の髪を撫でる動作や視線の動きといったごく小さな変化に目が向けられ、目に見える動作だけではなく、希望や、さらには沈黙が報告される。また、姉娘が「もうほほえんでいない」ことや、赤ん坊が「目を覚まさない」ことなど、なにかが為されないことまでもがわざわざ報告されることにも注目したい。

つまりこのような描写は、観客の視線と感受性をより微細なものに注意深く向かわせるよう誘うものとなっているのであり、つぎに続く老人の感嘆がひとつの劇として受容される可能性をひらいているのである(170)。そしてそうした知覚が段階的に微細になっていく過程は、台詞の劇性が高められる過程を伴うことにより強調されている。

淡々とした報告には「ああ！」という感嘆や、「〜みたいね」という推測が入り交じるようになり、さらには老人の孫娘マリーの「おじいさま、今晩は言わないでおきましょうよ！」という叫びが、先行する沈黙によって悲痛に強調され、叙事的な距離を無効にすることによって、この場面中の劇的な頂点をなしている。そしてそれを引き継ぐ老人の言は、一見穏やかなものでありながら、この一幕劇における本当の劇の場となっているのである。つまり『室内』において観客が感受する劇は、老人がこのように「生の光景 la vue de la vie」に打たれる姿にあると言えるのではないだろうか。実際このように室内を眺める場面は、この短い劇のあいだに三度繰りかえされることによって強調されている[171]。またその可能性は、次のようなやりとりが示唆していることでもある。

よそ者　あの家族はだれかが見ていることを知らないのだ……
老　人　我々もだれかに見られているのだよ……[172]

ここでは奇妙に状況が逆転している。実際の舞台上では見られているのは家族であり、舞台と客席のあいだの第四の壁を想定するなら、老人と見知らぬ男は見られていないはずだからである。この「我々もまた見られているのだ」という老人の台詞については、いくつかの解釈が可能だろう。まず、先ほど述べた人間という存在の悲劇と結びつける解釈である。メーテルランクにとって、人間の悲劇は「自分たちの人生について自分たち以上によく知っている人間が多くいる」ということと深く結びついており、それゆえに、人間は「隠された真実」の「無意識な、無言の奴隷」と捉えられていた[173]。ここで、老人と見知らぬ男がいまだ娘の死を知らない家族を見ているのと同じように、老人たちもその躊躇のさまを見られている可能性が示唆されることは、人間はだれもがこの「無意識な、無言の奴隷」であることをほのめかしていると考えることができる。その場合、見ている「だれか」は超越的な次元をも含みうることになるだろう。また、メーテルランク自身が意識していたとは考えにくいが、現在の我々の見方からすれば、この「だれか」を観客として解釈することもできる。この場合、登場人物が「舞台上にいて見られている」ことの自覚を表明することによりある種の異化効果が生みだされることになる。ただし、異化効果だけではなく、老人たちを見ている観客に対して目くばせをすることで、見られるべき劇はやはりここにあると暗に告げているという解釈も可能である。それでは、老人と見知らぬ男が体現している「劇」とは、いったいどのようなものなのだろうか。そのことを考えるために、ここで劇の核心をなす「生の光景」の意味について詳しく考えてみたい。

## 5　「生の光景」の知覚——動きつづける魂

コロスの嘆きと老人の感慨に共通点があるとすれば、それはどちらもが人間の生そのものに向けられたものだからである。先に引用したような感慨の吐露を皮切りとして、老人は「生の光景」に打たれた衝撃のままに、人間の生について語りはじめる。

老人

娘たちは動けない人形のように見える。だが、多くのできごとがその魂のなかで起こっているのだよ……娘たち自身、自分たちがなんであるかは知らないのだ……亡くなった娘も、他の娘たちと同じように生きられたかもしれないのだ。彼女は死の瞬間までこんなふうに言っていたかもしれない。「おじさま、おばさま、今朝はきっと雨ですわ」とか、「もうすぐ昼食ですすわね。食事のメンバーは一三人になりそうですわ」とか、「果物はまだ熟していませんわね」とか。娘たちというのは、落ちてしまった花のことをほほえみながら語り、そして陰で泣くのだよ……天使ですら、見なければならないものを見ていないことがあるのだ。(174)

ここで表されているのは、魂のなかで「多くのできごと」が自分たちも知らないあいだに起こっていることに対する驚嘆である。さらに、一般論としての「娘たち elles」と川に身を投げた「娘 elle」を対比して語ることで、魂の内部のできごとを知らないまま生きることと、そのできごとにふと背中を押されて死の側に足を踏み入れてしまうことは、わずかな差異でしかないことが暗示されている。老人の驚きは、日常の些細なことを言い合いながら生きていても、魂のなかではいつも生と死がどちらもほとんど同じような強度でせめぎ合っていること、そしてそのようなあやうい均衡のなかで、それでもわたしたちが生きていることに向けられているのである。そのような生のあり方こそ、メーテルランクが「日常の悲劇 le tragique quotidien」と呼ぶものであると考えられる。というのも、「日常の悲劇」を劇として成立させるためには「ただ生きるというその一事に対する驚きがいかなるものであるかを見せることが重要になってくる(175)」という記述が、まさにこの場面と一致するからである。

つまり「生の光景」とは、自分では知覚しえない魂の動きであり、普段の生活のなかで隠れているようで、実はわたしたちを大きく揺さぶりつづけている魂の内側の生を指している。そしてこれが、あらたな筋の形を示唆するものとなっている。ジャン＝ピエール・サラザックは「劇の筋の概念を拡張する」ことを考える手がかりとして、ニーチェの「感情の吐露や自己の理解もまた劇の筋なのではないだろうか(176)」という自問を引いているが、メーテルランクの静劇は、魂の内側の生に向けられる眼差しとそこから生まれる驚嘆を「筋」として構成されていると言うことができる。つまりここでは「行動すること agir」ではなく「受け身になること subir」が劇の「筋 action」となっているのである。ここにメーテルランクの劇の特性がある。メーテルランクは「ハムレットのような登場人物は、行動しないからこそ、生きている時間がある[177]」とも言っているが、劇の力点は行動から生そのものへと移っているのである。そしてこのとき、つよい生の瞬間が感じられる例としてメーテルランクが挙げるのは、「みずからの魂と宿命の存在を受けこうむりながら」「灯りのもとでただ待っている老人[178]」という、これまで劇の中心にはなりえなかったような場面である。魂の内側の生が劇の中心に据えられるとき、受動的な感嘆こそもっとも劇的な力をもつできごととなるのである。

そしてこのような魂の生は、老人が孫娘に対して「おまえの魂のなかには、あまりにもいのちがあるのだよ、おまえにはわからないだろう……[179]」とも言っているとおり、自分では知覚できないものであるが、『室内』に限らず他の劇においても、そのような内的なものへの注意を促す工夫がいくつかなされている。まずどの戯曲においても「自分のことがわからない」「わからない」という表明が多く繰りかえされることによって、逆になにか把握できないものが場を支配していることが示唆される。また、『忍び入るもの』と『群盲』においては、「見えないもの」を知覚することのできる人物とそれに気づかない人物が対比されることによって、「見えないもの」の存在が示されてもいる。そもそもメーテルランクにおける「盲目」というテーマは、ジェラール・デッソンにより「不可視のもの」の追求として位置づけられているが[180]、『忍び入るもの』に登場する盲目の曾祖父はまさにその体現であると言える。曾祖父は「わたしはおまえたちのようには見ることはできない[181]」、「おまえたちのほうが目の見えないときもあるのだ[182]」などと、盲目の自分が別のものを見ることができることをみずからほのめかしているが、実際、母親の死の瞬間、この曾祖父だけが部屋のなかに侵入してきたものを見ることになる。この不可視を見ぬく力は、見えるものに固執しようとする父や叔父との対比によって強調されており、互いの知覚がすれ違うさまが繰りかえし描かれている[183]。『群盲』も同じような構成になっており、盲目の女たちが気づくものに、男たちはあくまで鈍感である[184]。ただし「もっとも年老いた盲目の男」はその中間に位置し、はっきりと知覚はできないものの、「女たちが正しい」と述べる。『忍び入るもの』では三人の娘がこの中間者に当たるが、両者を橋渡しするこうした中間項の存在と、劇が終局に近づくにつれ、それまで「見えないもの」に取り合おうとしなかった人物までもがふとそれを知覚する瞬間が描かれることとにより、不可視のものがつよい劇的な力を発揮することとなる。

メーテルランクは「日常の悲劇」とは「魂の存在をそれ自体で、決して活動をやめない無限の広がりのただなかで見せること」[185]としているが、「見えないもの」の知覚が舞台を支配し、「死」がその存在感を示すとき、観客が舞台を通じて知覚するのは、絶えず動態のなかにある魂が浮かび現れてくる「生」の場面なのである。『室内』ではそれが老人の台詞という形で言語化されているが、『忍び入るもの』と『群盲』においては、そうした知覚が最高潮に達する最終場面で、どちらも赤ん坊が泣きはじめる。しかも『忍び入るもの』の場合、泣き声を上げる赤ん坊は生まれてから一度も声をあげたことのなかった赤ん坊である。どちらの場合もひとつの死が宣告される瞬間、それと交錯するように生が目覚めるのである。ただしその泣き声は、『忍び入るもの』においては「恐怖」[186]に、『群盲』においては「絶望」[187]に彩られたものであり、生きる力の表現であると同時に、死を告げるものであることは指摘しておかなければならない。そもそも赤ん坊の泣き声は、感情がある極点に達したことを示すものであり、正／負の区別からは自立したものと言える。それと同じように、娘を死に向かわせるような魂の生の衝動は、出力が度を過ぎていることによって知覚できるものであり、もはや生なのか死なのかわからない、死への誘いでもあれば同時に生の極みでもあるようなものとして現れる。先ほどの引用とは別の箇所でニーチェは、劇の筋とは「視覚化された意志の躍動」[188]なのではないかとしているが、このとき「意志」という語が「表象」と対比され、ショーペンハウアーの用語を引き継ぐ形で用いられていることを考えれば、それはまさに目的性の論理からはずれた純粋なエネルギーの迸り、あるひとつの躍動なのである。メーテルランクの死の三部作の源泉をなす生の神秘とは、このように人間の生と宿命を自分たちの了解を超えたところで規定するひとつの躍動であると考えられる。そのことを考えれば、初期の演劇作品においてメーテルランクが人間の生の神秘を追求しながらも死のにおいに満ちた作品を残しているのはまったく逆説的なことではなく、むしろ必然のことなのである。

## 6　劇のあらたなダイナミズム——迂回すること、敷居をつくること

メーテルランクは、こうした魂の生の劇について、「感じることは容易でも、見せることは容易ではない。なぜならこの本質的な悲劇は、単に物質的なものでも心理的なものでもないからである(189)」と述べているが、こうした劇を物質的なものに還元することがむずかしいのは、前項で見たように、それが意味規定の手まえにある純粋な動性であるからである。メーテルランクにとっての理想的な劇を示す「存在とはかり知れないものの奇妙で沈黙の悲劇(190)」という表現において、「奇妙な étrange」という語がつかわれていることに注目しよう。この語は、『忍び入るもの』中でなにかが部屋のなかに入ってきた恐怖を曾祖父が口にするときの光の描写（「奇妙なほのあかり(191)」）や、『群盲』中で子どもが泣きはじめたときに言われる、「なにか奇妙なものを見ているはずです！(192)」という若い盲目の女の台詞にも現れている。どちらも劇の終盤、なにかわからないものが音を立てて近づいてくる局面で用いられていることは示唆的だが、「奇妙な」ということ以上の説明がなされることはない。「生の光景」をまえにした『室内』での老人の印象もまた、この「奇妙な」という語と「重々しい grave」という語によって形容されていたが(193)、生の劇が立ち現れるとき、わたしたちはもはやそれが常ならぬ不思議なものであり、理解はできないがなにか重要なものであると感じることしかできないのである。老人の孫娘マリーの「自分たちのしていることもわからないまま祈っているみたいね……(194)」という室内の光景に対する印象に象徴されているように、観

客に生の感銘を伝えるためにメーテルランクが選んだのは、わからないままになにかを感じとっている人物、同じ箇所の見知らぬ男の台詞のなかの表現を借りるなら、「自分たちの魂に耳をかたむけている[195]」人間の姿を見せることなのである。

メーテルランクが「受け身でいること」をもっともつよい劇的行為とするのは、このように劇の核心がそもそも表象される劇の内部には入りこめない性質のものだからである。魂の内的な生は奇妙な印象や感銘を通してようやく表面に現れることができるだけで、劇の内部に表象しようとすると逆に「ないもの」に還元されてしまう。この劇の核心は、戯曲集の序文では「崇高な登場人物 personnage sublime[196]」と名指されるが、実際そこには伝統的な登場人物がもっているような人称性はない。メーテルランクはそれを「人物」と呼びながらも、「深層の背景、頂きの雲、無限の流れ cet arrière-plan profond, ce nuage de cimes, ce courant d'infini」と表現し、戯曲の全体にいきわたるが実体のつかめない「名も形もない［ce］qui n'ayant ni nom ni forme[197]」ものとして説明しているからである。

しかしメーテルランクにとって重要なのは、それが実体のないものであっても、そのために場所を空けておくことである。

とにかく、崇高な登場人物のために場所を空けておこう。そして、必要なら、それが闇からぬけてくるあいだ、なにもその場所を占めることがないことを受け入れ、そこに幽霊を坐らせることもやめよう。それを待つこと、生のなかにそのための席を空けておくこと自体が大きな意味をもつのであり、その意味は、我々が忍耐によって彼のために空けている王座に坐らせることのできるどんなものよりも大きいのである[198]。

もちろん「崇高な登場人物」が「闇からぬけて」そこにやってくることが前提とされているとはいえ、現時点では「それを待つこと」、「生のなかにそのための席を空けておくこと」にこそより大きな意味があるとメーテルランクは主張している。生の劇は直接的な手段を通じて劇化することができないものであるから、このように「空の席 son siège vide」の存在を感じさせるという間接的な方法こそがより有効な表現手段となる。迂回をすることが逆に近道となるのである。ジェラール・デッソンは、『群盲』のト書きを実際の舞台に反映させることがむずかしい理由として、それが「否定の表現を舞台化する」ことを要請している点を挙げ[198]、メーテルランクにおいては「行為の否定」ではなく、「行為が否定されたことを示す」必要があると述べている[199]。つまり「表現しない」のではなく、「ないことを表現する」ことの重要性だが、そうした迂回が生の劇を準備する力学となる。「ないことを表現する」という一種の暗示的看過法（話者が言うべきことを言わないと言うことで、主題について述べる修辞技法）により、まずはそれぞれの行為が、ついには生の劇そのものが強調されることになるのである。静劇三部作において「不要な inutile」という形容詞がしばしば繰りかえされるのも、だれも坐ることのない「空の席」のように、一見不要なものが実際には重要な表現になっているからだと考えられる。メーテルランクが「もうひとつの対話 un autre dialogue」と呼ぶものもまた、このような迂回の手段であり、不要であるからこそ有用になるものである。

外的な理由から必要な対話とは別のものがなければならない。［……］不可欠な対話のかたわらに、ほとんどいつも、余計なものに見える別の対話がある。よく考えてみれば、魂が深く耳を傾けるのはその対話だけだということがわかるだろう。なぜなら、それは魂に語りかけることのできる唯一の場所なのだから[200]。

この「もうひとつの対話」は一見「余分な」ものに思えるものであり、中心ではなく、つねに劇の対話の「かたわらに à côté」あるものである。しかし実際にはそれこそが「魂が深く耳をかたむける」ことのできる唯一の対話であり、メーテルランクは劇の核心をこの「余剰なもの le superflu」に見ている。わたしたちは対話の「反響」[201]にこそ耳を澄まさなければならないのだが、「反響」だけを聞くことができないのと同様に、それはいつも迂回しながら知覚しなければならないのである。

また、ここで重要なものが「対話」や「反響」といった音を示す語彙によって語られていることにも注目したい。これまでメーテルランクの静劇を視覚装置として見てきたが、その劇を通じて作者が出現させようとしたもうひとつの劇の在処は「聴くこと」にあるのである。実際の劇においても、「聴くこと」は重要な局面に現れてくる。『忍び入るもの』では、最終場面で「奇妙なほのあかり」が部屋を照らす直前に、盲目の曾祖父が「この音はなんだね」と三度尋ねる部分がある。[202]『群盲』では、もちろん彼らから視覚が奪われているためでもあるが、登場人物たちは本来聞こえないはずのものを聞く。若い盲目の女は神父が去った場面を「神父さまがあまりに重々しくほほえまれるのがきこえたのです。目を閉じておられるのが、黙りたいと思っておられるのがきこえました」[203]と語っているし、もっとも年老いた盲目の女は「星がでているようだね。星がきこえるよ」[204]と言う。さらに終盤になると、こうした知覚に鈍感であった男たちも「なにかわからない物音がきこえる」[205]と言うようになる。ここで『群盲』の終盤で聞こえる音が「なにかわからない物音」であること、さらに『忍び入るもの』で先ほどの曾祖父の質問に答えるのに、孫娘が「なんでもありません」と言うため、«rien»という語を用いていることを指摘しておきたい。「わからない」、「なにもない」ところに耳を澄ますとき、観客は沈黙の反響のなかに生の劇が響きわたるのを聴くのである。

さらにメーテルランクが、魂の内的な動きを直接表象しようとするのではなく、「みずからの真実・美・神に近づいたり離れたりする一存在の、ためらいと苦痛に満ちた歩みにわたしたちを追随させる」[206]という間接的な手段を選んでいることも指摘しておかなければならない。魂の運動そのものを舞台にのせることは不可能だが、そこに近づいたり遠ざかったりすることにより、その存在を感じさせることは可能だとメーテルランクは考えていたのである。この意味では、「部屋のなかを見るようには、魂のなかを見ることはできない[207]」と言いながら、家のまえを躊躇しながら行ったり来たりする『室内』の老人は、魂の運動を見せるために「ためらいと苦悩の歩み」を繰りかえす案内者の見本のような存在だといえる。『ペレアスとメリザンド』中のアルケル王の「人生の活動や義務というものは、敷居のうえで待ち、それが通り過ぎてきたときに忍びこませてやるのがいいものだ[208]」という表現を借りるなら、死の知らせを「老いた手」に握りしめ、「生の場面」と形容される家のまえを行き来する老人が立っているのは、生と死のあいだの敷居である。また、『忍び入るもの』の最終場面で修道女が母親の死を告げにくるとき、彼女は「敷居のところに現れる[209]」とト書きに指定されていることもつけ加えて指摘したい。ジャン＝ピエール・サラザックが『私的演劇』の一節で指摘するように、この「敷居 le seuil」という場は劇の中心が内的なもの、余剰なものへと移るために象徴的な場である。

わたしたちに内側を見せようとするものは、自分自身敷居に身を置かなければならないのだ。敷居、私的なものが形をとりはじめるこの象徴的な場所に[210]。

メーテルランクの静劇は、「大きさと秩序」に美を見いだし、筋立ては気づかれないほど小さいものであっても、全体を見わたせないほど大きすぎるものであってもならないとするアリストテレスの規定[211]に二重に違反したものである。なぜならそれはできごとのごく一瞬だけを題材にした小さすぎるものであり、同時にその一瞬が生きることの巨大な神秘へとひらかれた大きすぎるものだからである。敷居という場は、正反対の極限を、同時に劇に導入するための重要な場なのである。

＊

以上のように、メーテルランクの一幕劇において、認知の内面化によって劇が舞台上で起こっていることを観客が直接認識するものから、舞台上の人物が認識しているのを見るものへと変化していくのを見てきた。ここで、このような劇において俳優が果たすべき役割に目を移してみよう。メーテルランクの文脈で言うなら、みずから敷居に立ち、生への驚嘆を見せることが俳優の役割になる。しかしこの驚嘆は、これまでに見た性質から「演じる」ことのできるものではなく、まず俳優が舞台上で感じることを要求してくるものである。十九世紀末に演劇の革新を目ざした自由劇場や芸術劇場の舞台で、プロの俳優が忌避されたのは、経済的・物理的な理由だけでなく、演技のあり方そのものが大きく変容したからではないだろうか。そしてこの変化が、朗誦法とは異なる俳優訓練術の誕生を要請していくことになる。第4章と第5章では、そのような模索の過程から見いだせるあらたな俳優のあり方を明らかにしていきたい。

# 第4章

# 変容にさらされる俳優像

## 無意識の獲得という逆説

これまで、十九世紀末の生への関心の高まりがどのように劇のあり方に変容を促したかを観察してきた。ここでは、その考察をもとにして、この関心の俳優への影響に着目する。本書で「無意識」と呼んできた潜在的な内面への関心は、俳優に対しては二重に作用することになる。まずは、劇の構造を変容させることに伴う間接的な影響である。そして直接的な影響として、俳優が演技にアプローチしていく方法そのものが無意識に条件づけられることになる。ここではまず直接的な影響として十九世紀末に俳優の捉え方がどのように変化したかを分析し、続いてそれを劇作術の変容が要請する影響と結びつけながら検討していく。

直接的な影響について考えるときに中心となるのは、俳優の演技における「意識」の介入をめぐる問題である。潜在的な内面性への関心が高まるにつれ、表現が意識的なものから変化していくことになるのは必然だが、さらに興味深いのは、それが俳優への矛盾した態度という形で現れていることである。これについて少し説明しよう。十九世紀末、演出がひとつの芸術として形成されていく過程で、俳優の演技にもこれまでとは異なる視線が向けられることになる。しかしそれは、しばしば生身の俳優の否定という形をとるのである。これから見ていくように、俳優の表現やそのからだは、演劇という芸術をさまたげると考えられた。ただし、ここで同時に注意すべきなのは、当時の演劇人たちが俳優の身体の現前を否定する一方で、身体の可能性に非常に敏感だった点である。これは一見矛盾した態度に思えるが、「意識」の問題について考えることでこれを理解することができる。内面のレベルを整理することで自然主義の環境の理論に対する誤解を解いたのと同じように、俳優の「意識」のレベルを整理することでこの逆説的な態度を理解することができるのである。

第4章では、この俳優への両義的な態度を糸口として、ここまでで明らかにした劇を担うあらたな俳優像を描き出していく。というのも、俳優に対するこのような戸惑いのなかに俳優訓練術の誕生の契機が潜んでいるからである。つまりそれは、俳優自身に見とれさせるためではなく劇創造の一端を担うための演技を考えるという視点が形成されつつはあるものの、演技のための全身的な基礎訓練の必要性がいまだ明確でなかった時代に特有の混乱だったのである。十九世紀末の俳優の身体の否定は、そのからだが準備されていなかったことに起因するのであって、現実には俳優のからだを「つくる」という考え方の嚆矢となっていくのである。実際、これらの言説を二十世紀の演技術についての言説と並べて読むと、この時期の演劇理論が、二十世紀に展開するボディワークの理念の萌芽となる意想を含んでいることがわかる。

このことを明らかにするために、本章ではまず、俳優のどのような部分が拒否されたのかを見直すところからはじめたい。それとともに、当時の演劇人たちが表現の可能性として魅惑された特徴的な二つの身体――人形の身体とダンサーの身体――を取りあげる。両者は、ともに二十世紀演劇において重要な役割を演じ、現在でもひとつのトポスとなっている。特にマリオネットは、俳優訓練術が体系化していく二十世紀初頭においても俳優のモデルのひとつとしてとりあげられることになる。[212]舞踊についても、俳優がダンスの訓練を受けることは今日ではごく当たりまえのことになり、ミュージカルという形でなくとも演劇のなかにダンスの動きが取り入れられることもしばしばある。さらに、どちらについてもその影響が相互的なものであることもここで指摘しておこう。マリオネット劇の場合、人間の俳優が舞台に入りこんで人形と共演することによって、あらたな舞台がつくり出されている。[213]ダンスの場合には、メイエルホリドが一九〇七年に「演劇はダンスのつぎの復活の可能性を垣間見させている[214]」と予告していたように、二十世紀を通じて演劇の影響は非常に大きく、それはダンスシアターというあらたなジャンルすら生んでいる。ピナ・バウシュに代表され、ダンスと演劇の境界に位置しているようなこの独特の舞台創造は、パフォーマンスのあらたな形を示唆することにより、ダンスと演劇の両方に影響を与え返している。このように刺激的な舞台を生んでいくことになる人形とダンスというこの二つの表現のあり方が、舞台にとって大きな転換点であった十九世紀末にすでに注目されていたのは非常に興味深い。ここでは、この二つの要素に潜む表現の可能性を、当時の演劇人の言説をもとに明らかにしていく。その後で、時代的にはへだたりがあるものの、ベルナール・ドルトによって「十九世紀末から二十世紀にかけての演劇の大きな変化を予告していたかのようである」[215]と言われるハインリッヒ・フォン・クライスト（Heinrich von Kleist 1777-1811）のマリオネットについてのテクストを補助線として用いることで、この二つの身体を結び合わせることを試みたい。

## 第1節　俳優の意識をめぐって――演技の変容

### 1　俳優の否定における三つのレベル

それでは、より具体的に当時の演劇人たちの俳優に対する矛盾する態度を見ていこう。まずはじめに俳優の否定の実情を詳しく検討することで、なにが争点になっていたのかを明らかにしたい。先ほど、俳優が舞台創造のさまたげになるという考え方があったと述べたが、このような俳優の否定は、三つのレベルに分けることができる。第1節では、この三つのレベルを順に考察していく。まずそれぞれのレベルについて簡単に説明しておこう。第一に挙げられるのは職業俳優に対する拒否である。自由劇場においても芸術劇場においても、長い経験をもつプロの俳優は忌避される傾向にあった。これは経済的な理由だけが原因ではなく、むしろ彼らの職業意識や俳優としての自意識が芝居をつくるためには不要なものと考えられたからである。はじめにこの点を簡単に見ていく。第二のレベルは、俳優の自我の否定である。演技において、俳優の個人的な思い入れを反映させたり表現の工夫を凝らしたりすることは否定され、俳優はニュートラルな一種の「道具」になることが求められた。第三のレベルは、俳優の身体性の拒否である。これは特にマラルメやメーテルランクに見られるもので、俳優のからだがもつ物質性そのものが忌避された例である。しかしながら、マリオネットの物質性がむしろ歓迎されたことを考えると、問題になっていたのはからだの単純な物質性そのものではなかったと理解することができる。ここでは、この身体性の拒否もまた意識に関わるものであることを明らかにしながら、演技における意識と無意識の問題について考察したいと思う。

## 2　職業俳優のプロ意識という罠

まずはじめに、十九世紀末の演劇の革新を担った劇場における職業俳優の拒否に着目したい。アンドレ・アントワーヌの自由劇場では、職業俳優はほとんど用いられなかった。ポール・フォールの芸術劇場では、彼らが学生の集まりであることもあって、ある程度以上の年齢の役は職業俳優に頼ることもあったようだが、演劇に対する考え方のずれからかなり苦労があったようである。芸術劇場をリュニエ＝ポーが引き継ぐことによって一八九三年に制作劇場が創設されるころには、芸術劇場のころからの俳優が育っていたが、その演技はそれまでの俳優教育を基礎においたものとは明らかに異なっていた。それについては後述するとして、ここでは職業俳優のどのような部分が好まれなかったのかを見ていこう。

とりわけこの傾向がつよかったのが自由劇場である。アントワーヌは、まったくの素人を俳優として用いて舞台づくりをはじめた。また、それが次第に定番のメンバーとなり、彼らが俳優としての経験を重ねていっても、アントワーヌは特定の俳優を特別扱いすることなく、それぞれが公演ごとにエキストラになったり主要人物を演じたりしていた。これは、俳優が特定のキャラクターや他のメンバーから傑出したスター性を担うことを嫌ったことの表れと言える。ここから考えられるのは、アントワーヌが職業俳優をあらたな舞台創造から退けていたのは、彼らの自分の得意なキャラクターに対する自負や、俳優としての自意識がさまたげとなるからだということである。自由劇場の流れを汲んで演劇の革新を目指そうとする劇団がリヨンに出てきたときのジャン・ジュリアンの反応は、それをよく説明してくれる。ジュリアンは、彼らがプロの俳優を用いたことを厳しく批判しているのである。

経験からわたしが彼ら［劇場のメンバー］に言えるのは、職業俳優たちとともにやっているようでは、どんなものであれ演劇の革新をすることはできないだろうということである。それはどうしようもないことだ。こうした俳優たちは、生涯を通じて自分をある類型に合わせて形成することに専念してきているのであって、そこから出ることはできないし、もし出ることができたところで、そうしたいとも思わないのだろうから。一〇年、一五年、二〇年の歳月をかけて、彼らは間違った言い方をすること、ばかばかしい動作をすること、彼らが表すべきだと考えられている登場人物たちを引き受け、演じることを教わってきているのである。それが間違っていて、彼らのしていることが卑俗な芸術であり、俳優は芸術家であるべきなのにそれにはふさわしくないということを、いったいどんな方法で、この律儀な人たちに説得できるだろうか。(216)

かなり辛辣な批判だが、自由劇場で活動していたジュリアンにとって、職業俳優の演技が来たるべき演劇のヴィジョンからは大きくはずれたものであったことがわかる。また、ジュリアンが当時の俳優教育をほとんど害にしかならないものと考えていたこともここから読みとれる。そしてもっとも問題視されるのは、職業俳優が「自分をある類型に合わせて形成」してきたことである。つまり、自分に合う役のタイプを選び、それに合わせて個性を意識的につくっていることが批判されているのである。

ジュリアンは職業俳優のことをなにも知らずに思いこみから否定しているわけではなく、別の記事では、実際に自由劇場の上演のときに職業俳優を雇ったときの苦労も語っている。それによれば、その女優は稽古中に絶えず「結局これってパレ・ロワイヤル座風なの、それともアンビギュ座風なの」と尋ねていたらしい[217]。作品そのものを自分の感覚で捉えて表現しようとするのではなく、すでにある紋切り型のイメージに還元してしまおうとするこの態度は、劇作品が芸術ではなく商品として捉えられていた当時の傾向をよく反映している。それぞれの劇場の特色に合わせた商品として舞台をつくろうとすることは、ある意味では驚くべきプロ意識だが、作品自体には関わりのないこうした意識は、舞台を変えようとするうえでは邪魔になっていたのである。

また、芸術劇場でも職業俳優を用いて失敗した例がある。アドルフ・レッテは、アルチュール・ランボー（Arthur Rimbaud 1854-1891）の「酔いどれ船」の朗読のために俳優を指導するようフォールに依頼されたときのこととその稽古の様子を回想として綴っている[218]。それによれば、詩を朗読するために呼ばれたのは、ルシアン・プラッド（Lucien Prad）という当時メロドラマを多く演じて人気を博していた俳優だった。フォールはその声がランボーの詩にふさわしいと考えてプラッドを指名したようだが、ランボーの名まえも聞いたことのない俳優との稽古に、レッテはかなり苦労した。プラッドが韻文劇を演じたことはあっても、ランボーの詩のリズムをまったく解さなかったからである。そもそも、詩についての見解が完全に異なっていたようであり、レッテは彼に象徴主義について説明するところからはじめたと回想している。しかし結局理解が得られなかったため、詩にふさわしいとレッテが考える調子をプラッドに丸暗記させた。ところが本番では、突然巻き舌を多用した早口の癖が出てきてしまい、朗読は惨憺たる結果に終わった。プラッドの俳優歴が五〇年にもわたる長いものであったことを考えると、このように、稽古とまったく違うことをしてしまうという明らかな失敗は驚きである。先ほどの一節で、ジュリアンは職業俳優があるタイプに合わせてつくってきた自分からぬけ出せないことを強調していたが、これはまさにその実例である。職業俳優として培ってきた自己に対する意識はそれほどつよいものなのであり、それはスター俳優を見せるためのショーという側面を完全に消し去ろうとしていた当時の演劇の試みにおいては、大きな障害だったのである。

## 3 俳優の自我というさまたげ

職業俳優としての意識は極端なものだったが、素人の場合に演技に余計な意識が介在しないかというとそうではない。むしろ、職業俳優としてのわかりやすい自意識を取り去ったあとに、真にフォーカスすべき意識が現れる。つまり、余分な自意識や先入観のない素人と仕事をはじめることは、ようやくスタート地点に立ったにすぎないのである。こうして、十九世紀末の演劇の革新の先駆けとなったアントワーヌは、俳優のある種の意識を取り去ろうと執心することになる。それは、ディディエ・プラッサールが、アントワーヌが「俳優の表現からあらゆる内面性の痕跡を取り去った」(219)と指摘するほどである。それでは、ここで言われている「内面性」とは具体的にどのようなものなのだろうか。アントワーヌが俳優の役割について述べた手紙を見ながら検討したい。

わたしが試みたいのは、それがこの考察の唯一の目的ですが、俳優というものが、決して自分たちが演じるべき戯曲のことはまったくなにもわからないということをあなたに納得してもらうことです。俳優たちの仕事というのは、ただよく演じること、登場人物をできるかぎりよく演じることであり、登場人物について考えることではないのです。俳優というものは、実のところ人形です。各人の才能に応じてある程度完璧なあやつり人形であり、作者がそれを自分の好きなように飾り立て、動かすのです。

〔……〕

俳優の絶対的な理想は、作者が自由に演奏することができるような鍵盤、すばらしく調律された楽器になることでなければなりません。単に物質的な技術的教育が、俳優のからだ・顔・声を物理的に柔軟にし、適切な知的教育によって作者が彼に表現させようとすることを単に理解できるようになれば、それで充分なのです。作者が俳優に悲しんでほしいとか陽気にしてほしいと望めば、彼は、言葉の正確な意味でよい俳優であろうとするならば、なぜそれらの感情が彼に求められているのかを考えることなく、悲しみや陽気さをすばらしく表現しなければならないのです。

〔……〕わたしと同じようにあなたもお認めくださるでしょうが、俳優の技術というものは、このようにぎりぎりにまで切りつめられても、やはり非常に尊敬すべきものであり、困難なものです。[220]

ここでアントワーヌは、俳優が「人形 des mannequins」、それも「あやつり人形 des marionnettes」であり、「作者が〔……〕自分の好きなように飾り立て、動かす」ためのものであると述べている。また、俳優の理想は「鍵盤 un clavier」であるとも言っている。鍵盤は、楽器のなかでも、決められた場所にふれれば特定の音が出る御しやすいものである。そして、表現の主導権を握るのは、その人形を自由に動かす作者である。俳優は、作者の指示を理解できれば充分であり、「なぜそれらの感情が求められているのかを考えることなく」感情の表現をしなければならない。これは、俳優の解釈を否定するものである。彼らは、みずからの解釈や内省によって演技を工夫することは禁じられ、指示する者に忠実な人形であることを求められているのである。

先ほど引用したアドルフ・レッテの回想でも、彼がフォールに進行状況を聞かれたときに、「楽器はきちんと調《ととの》っていますよ、もちろん可能なかぎりですがね[221]」と述べたという。もちろん冗談交じりの発言ではあっただろうが、これはアントワーヌの「各人の才能に応じてある程度完璧なあやつり人形」や「すばらしく調律された楽器」という表現と共鳴するものである。またジュリアンも、リヨンの劇場のメンバーに職業俳優ではない俳優を勧めながら、特によいのは「自由に造形できるような俳優 des comediens malleables」であると書いている。

ただ、それが決して演技の必要性自体を否定するものではないことは指摘しておきたい。アントワーヌは、演技というものが、たとえ「ぎりぎりにまで切りつめられても」きわめてむずかしいものであることをきちんと認識している。俳優が自我のない従順な人形であるべきだと言われるとき、否定されているのは俳優の恣意的な内面表現であり、俳優自身ではないのである。

## 4　俳優のからだの否定

それでは、俳優の否定としてはもっともラディカルなものである俳優のからだそのものの拒否において、問題になるのはなんだろうか。俳優の生身のからだを否定した言説としてもっともよく参照されるメーテルランクの文章を見ながら、俳優の身体性が孕む問題点について考えてみよう。

人間は、影や反映、象徴的形態の投影、あるいは生命はもたないけれど生命のふるまいをするような存在によって、取って代わられることになるだろうか。わからない。しかし、人間の不在は、わたしにとって不可欠のことのように思える。人間が詩のなかに入ってくると、その存在の巨大な詩が、そのまわりのすべてのものを消してしまう。人間は自分の名のもとにしか話すことができない。多数の死者たちの名のもとに話す権利をもっていないのだ。(222)

ここでメーテルランクは、「人間の不在 l'absence de l'homme は、わたしにとって不可欠のことのように思える」とはっきり断言している。そして、その代わりに舞台上を占めるものとして示唆されるのが「影 une ombre」や「反映 un reflet」や「象徴的形態の投影 une projection de formes symboliques」である。すでに何度か言及した二〇〇二年のドゥニ・マルローの『群盲』の上演〔八〇頁の写真5参照〕を予告するような「投影 projection」という言葉までがここに登場するのは驚くべきことである。また、影絵劇が世紀転換期のシャ・ノワールで上演されたのをきっかけに演劇の表舞台の一角を担うようになり、現代演劇の一風景をなしているという状況も併せて喚起しておきたい。シャ・ノワールというのは、世紀末に芸術家たちの交流の場になっていたモンマルトルのキャバレーであり、そこに集っていた芸術家たちによってさまざまなショーがおこなわれていた。詩人が多く関わっていたが、自由劇場の活動の場と近かったこともあり、シャ・ノワールのメンバーが自由劇場のプログラムや舞台美術を手がけることもあったようである。シャ・ノワールでおこなわれたショーのなかには、一九五〇年代後半から見られるようになる「ハプニング」の先どりのようなイベントもあり、その現代性が窺える。

ふたたび引用に話を戻すが、ここで、メーテルランクが生命のない存在を求めながらも「生命のふるまいをするような存在 être qui aurait les allures de la vie」と書いていることにも注意しておきたい。舞台が完全に無機物で構成されればよいというわけではなく、メーテルランクにとっては、舞台が成立するためにはやはりなんらかの存在感が必要なのである。それにもかかわらず俳優が拒否されたのは、メーテルランクによれば人間の現存がもつ「巨大な詩 l'immense poème de sa présence」のゆえである。つまり、人間の存在というものは、記号としては大きすぎるのである。そのために、詩のなかで「まわりのすべてのものを消してしまう」ことが問題になっている。このことを詳しく述べた部分を併せて引いてみよう。

詩の象徴は燃えるような中心であり、そこからいくつもの光線が無限のなかで分散するのである。この光線は、ここで問題にしているような絶対的な傑作から発せられると、それを追う目の力によってしか限定されないような射程をもつ。しかしそこに、俳優が象徴のさなかで進み出てくる。そうするとすぐに、詩の受動的な主体に対して、途方もない一点集中化の現象が起こってしまう。そうなると目に映るのはもはやいくつもの光線の分散ではなく、それが集中していくさまとなるのである。こうした偶発事によって象徴は破壊されてしまい、傑作は、この存在があるあいだ、そしてその痕跡が残っているあいだは、その本質において死んでしまうのである。(223)

このように、メーテルランクは俳優の存在が「一点集中化 polarisation」をおこなってしまい、象徴を台無しにしてしまうことを述べている。彼は人間がその「巨大な詩」によって、「詩の受動的な主体 sujet passif du poème」を支配し、象徴による多義的な意味空間を無化してしまうことを危惧しているのである。あまり知られていないが、アナトール・フランス(Anatole France 1844-1924)も、人形と人間の俳優を比較しながら、これとほとんど同じ現象について語っている。この部分も少し見ておこう。

わたしは、人形たちが生きた俳優たちに代わってくれたことに非常に感謝している。わたしが考えていることをすべて言うとすれば、俳優たちというのは、芝居を台無しにしてしまうものである。わたしが言っているのは、よい俳優たちのことである。そうでない俳優たちなら、まだ我慢できる!　しかし実に耐えがたいのは、コメディー・フランセーズにいるようなすばらしい俳優たちなのだ。彼らの才能は大きすぎる。すべてを覆ってしまうのだ。そこにいるのが彼らだけになってしまうのである。その個性が、彼らが表現する作品を消し去ってしまう。彼らは甚大なのである。(224)

ここでは、より訓練された俳優ほど問題であるとされている点が注目に値する。長年の訓練と経験により形成された「個性 personne」は、ジュリアンやレッテにおけるのと同じように舞台にマイナスの影響を及ぼすものとして語られている。この「個性」は、メーテルランクのひとつめの引用にある「自分の名 le nom de lui-même」に対応している。メーテルランクの場合、人間が「自分の名のもとにしか話すことができない」ことは、人間の存在が意味をもちすぎてしまう大きな原因となっている。つまり、俳優の問題は、自分というものを消しきれないことにあるということである。そしてそのために、その存在はあまりに決定し限定された意味をもちすぎてしまい、複数の可能性をこわしてしまうのである。この「自分の名」というのは、先ほどから見てきている俳優の自意識と捉えられるのではないだろうか。ここまで見てきたことをまとめながら、この意識をもう少し詳しく見てみよう。

## 5 「心理的演技」と「内面性の表現」

第3章までで、十九世紀末の演劇をめぐる言説のなかで、主体が意識できる心理的な動きではなく、主体から逃れてしまうような内面性が重視されるようになってきたことを明らかにした。俳優の否定の三つのレベルについて問題になっているのも、まさにこの内面性のレベルだと考えられる。

というのも、表現のさまたげとなっているのが、すべて意識的な内面性だからである。職業俳優については、彼らが稽古に入るまえからすでにあるキャラクターを身につけており、外面的につくった類型を当てはめる形で演技をすることが問題になっていた。これは、作品をそれぞれの個別性において毎回あらたに理解しようとするのではなく、すでにあるレッテルによって「処理」してしまおうとする態度に結びついていた。そしてアントワーヌにおいては、俳優が「なぜそのような表現を求められているのかを考える」ことがマイナスの作用をするものとして捉えられていた。これは、意図的・意識的に内面を表現することへの警戒と言えるだろう。最後に見た俳優の身体性については、意識のある存在であることに起因する存在感の膨大さが劇の障害とされていた。メーテルランクにおいて、人間の存在自体がもつ「自分の名のもとに」おこなわれる語りが退けられていることは、「自我 moi」の否定として解釈することができる。「自分の名」を標榜することは、それが意識的な内面性であることの表れだと考えられるからである。

このように否定されたものを「心理的演技」として、「内面性の表現」と区別しておこう。「心理的演技」は実は意識の産物であり、「意図的におこなう」というアプローチが有効である。それに対し、「内面性の表現」は、意図的には表現不可能なものあり、「おのずから起こさせる」ことが必要である。これは、劇の変容としても顕在化していた表現の方向性の転換であり、俳優訓練術が発展していく二十世紀を通して決定的な要素となる。マラルメの表現を通してこのことをあらためて考えてみよう。

> 劇は潜在的であり、それがみずから現れてくるのは、我々の本能の解消不可能性を肯定する裂け目によってのみなのである[225]。

ここでマラルメは、劇を「潜在的」なものであり、「みずから現れてくる」性質をもつものとして捉えている。つまり、まえもって構成された劇が俳優によって表象されるのではなく、劇はその場で生成し、俳優のからだ、あるいは舞台という空間に顕在化していくことになる。そしてここで言われている「本能」とは、これまで見てきた「生の神秘」と言い換えることができるだろう。それが解消不可能であるということは、この生の力がどうしようもなく存在に働きかけてくるものであるということであり、それをある「裂け目」によって示すことによって劇が生まれてくるのだと考えられる。俳優の身体がこの「裂け目」という場になるためには、「心理的演技」より「内面性の表現」が必要になってくる。あらかじめ決められ、つくりあげた「演技」を舞台上でふたたびおこなうのではなく、俳優自身が舞台上でこの「みずから現れてくる」劇の力に圧倒されなければならないからである。これは、これから見ていくような「演技」から「表現」への移行でもある。

このように考えると、劇の変容に伴い、俳優は退けられるというよりも、むしろより重要な役割を担っていくのではないだろうか。ただ、そのためには俳優独自のからだがつくられる必要があったため、俳優の重要性が見えにくくなっていたのである。俳優の表現は、誇張した表現を伴う「みずからおこなうもの」であるかぎりにおいては劇のさまたげになっており、このことから俳優の存在自体が否定されたように思われがちである。しかし、実はさまたげとなるのは意識的な演技であり、俳優の存在自体は、むしろより重要な劇のファクターとなるのである。つまり俳優の否定と身体への魅惑は、矛盾した事態ではなく、同じ事態の表と裏をなしている。まだ準備されていなかった俳優のからだに代わって、あらたな表現を暗示してくれるものとして注目されたのが、人形や舞踊における身体の表現のあり方なのである。次節では、この世紀転換期に注目された人形の身体と舞踊の身体から、俳優に必要な資質を引き出すことを試みたい。

## 第2節　俳優の二つのモデル——人形の身体、舞踊の身体

### 1　理想の俳優としてのマリオネット

それではまず、世紀末のマリオネット劇への興味について見ていこう。文学者たちのあいだでとりわけ評判になったのは、一八八八年からギャラリー・ヴィヴィエンヌ Galerie Vivienne でおこなわれるようになったプティ・テアトル Petit Théâtre の人形劇である［写真6参照］。中心となったのはアンリ・シニョレ（Henri Signoret）とモーリス・ブショール（Maurice Bouchor 1855–1929）であり、多くの芸術家たちが公演に招かれた。先ほどアナトール・フランスが人間の俳優よりも人形を好んでいたことを引用で示したが(226)、それもこのプティ・テアトルの公演についての記事である。フランスは同じ記事のなかで、その偏愛が高じてマリオネットに話しかける場面すら設定している。もしマリオネット劇場で主役を演じる女優に紹介されることがあったら、十世紀の劇作家ロズヴィータ（Hrotsvita de Gandersheim vers 935–1002 ?）の『アブラハム *Abraham*』のマリアの役柄を演じてほしいとひざまずいて懇願するだろうと仮定し(227)、つぎのように書いているのである。

「そこ［ロズヴィータの『アブラハム』という戯曲］にはわずかな数の動作で表現される偉大な状況があるのです。あなたのように美しいマリオネットは、生身の女優よりもそれをずっとうまく見せてくれるでしょう。あなたはとても小さい、けれども単純であるがために大きく見えるのです。もしもあなたの代わりに生身の女優を置けば、彼女は小さく見えるでしょう。そもそも、今日宗教的感情を表すためには、もはやあなたしかいないのです。」

わたしはこのように言うだろう。そしておそらく彼女もわかってくれるはずである。これは真に芸術的な考えであり、優美で気高い思考だが、人気女優の脳よりも、マリオネットの木でできた頭のほうがより容易に理解してくれるに違いない。(228)

ここでフランスは、わずかな動作で偉大なものを示すという点で、マリオネットは人間の俳優よりも秀でていると述べている。そして、「宗教的感情 le sentiment religieux」を表すのはもはやマリオネットだけに可能なことであるとも付け加えている。このように、人形劇が子どもっぽいものではなく、むしろより精神的なものを示しうるものとして捉えられたのが、十九世紀末の人々がマリオネットへ寄せた興味の特徴である。フランスは、マリオネットの起源がマリアの像であり宗教画であることに言及しながら、「マリオネットはおごそか auguste である」とも書いており、(229)マリオネットに神秘的なものを見ていたことがわかる。

写真6　プティ・テアトルの上演の様子

また興味深いことに、「マリオネットのほうが人間の俳優より大きく見える」という現象は、アドリアン・ルマークル（Adrien Remacle 1849–1916）も指摘している。(230)ただし彼の場合は、より現実的な理由として、舞台と俳優の比率が人形劇と劇場の舞台で異なるためにマリオネットがより大きく見えるのだと付け加えている。フランスの場合、マリオネットが大きく見えるのはその単純さゆえである。この単純さは、マリオネットが人間の俳優よりも理想的な演者とされた理由としてしばしば指摘されるものである。たとえば、A・ベルリオーによるプティ・テアトルの評を参照してみよう。このとき上演されたのは、モーリス・ブショールの『トビー *Tobie*』という韻文劇である。

いくら偉大な俳優であっても、俳優には、このうえなく刺激的な効果をもつこの神秘的でガリア的な情景を、これほどの単純さと力をもって表現することは、決して、絶対にできないだろう。俳優が演じると、すでによく見知ったジャンルに閉じこめられることになるし、分類可能な類型に限られてしまう。気ままな想像のためのほんの小さな場所もまったくなくなってしまうのだ！(231)

ここでもマリオネットの利点として、「単純さと力」が挙げられている。そしてその単純さゆえに、マリオネットが人間の俳優よりも神秘的な情景を効果的に表現できると考えられている。小さなマリオネットのほうが、未知の世界を示すために適当であると認識されているのである。その理由について当時から考えていたのがルマークルだろう。彼はつぎのように述べている。

そして彼ら［マリオネット］の動きのおごそかなゆるやかさ、規則的にぎくしゃくとしている彼らの動作の無防備さ、その姿勢の絶対性と堅固さ、こうしたものがすべて、きわめて芸術的である。なぜなら、これらはすべて、フットライトから遠く、我々からは一歩ひいた別の世界をつくり出すからである。そこでは、観念と類型の現実性が、上演の明らかな非現実性のおかげで我々の精神にむきだしのまま現れるのである。(232)

ルマークルはここで、「上演の明らかな非現実性」が「現実性 le réel」をむきだしのまま現れさせることを指摘している。この部分だけだとわかりにくいが、これよりも二年まえの記事も併せて読むと彼の考えはよりはっきりするだろう。

マリオネットのこわばった木の動きは、俳優と同じくらい決まりきっているし、さらに俳優よりも偽物である。けれども、この偽りと慣習は、それでも芸術的である。なぜなら、それらは均質であり、詩人がむなしく夢みる理想の真実と同じ距離をずっと保っているからである。表現されたことと着想されたことのあいだのこの距離が厳密であることにより、詩は無垢のままでいられる。それははかりしれない利点である。(233)

ここで彼は、芸術の主題となる「理想の真実」とマリオネットの決まりきった偽物の動きとを隔てる距離が一定なことによって、かえってその理想をそこなわずに、その深遠さだけを示唆することができると説明している。まえの引用に戻るなら、彼らの動きはぎくしゃくしているが、それは「規則的」なものであり、その意味でそこには独特の「絶対性」がある。それゆえにマリオネットは、人間の俳優では不可能なものを示すことができるのである。距離があるからこそ表現が可能になるというこの逆説は、第2章と第3章で言及した、可視のものを通じた不可視のものの探究と同じ論理によって成り立っている。マリオネットは、このような逆説を体現する存在なのである。

## 2　人形の不気味な存在感

これまでしばしば登場してきたメーテルランクもまた、人形につよい興味を示したひとりである。彼の戯曲のいくつかはマリオネットのために書かれており、第3章で詳しく分析した『室内』もそのひとつである。しかしメーテルランクは、ベルギーの伝統的な木人形など、デフォルメの度合いの大きい素朴な人形には興味を示さなかった。そもそも彼は、人形劇自体にというよりも、人形のもつ独特の存在感に魅惑されていたようである。ここまで見てきたプティ・テアトルの人形は、人間のからだをさほどデフォルメせずにつくられており、大きさも人間の上半身くらいはあったが、メーテルランクが惹かれたのは、さらに人間と見まがうような蠟人形である。人間の存在感が劇のさまたげになると考え、別のものを舞台に導入しようとするとき、メーテルランクが参照しようとするのが、この蠟人形をまえにしたときの奇妙な感覚なのである。

生命のない存在のどのような集合によって舞台上の人間の代わりにするかを予想するのはむずかしいが、たとえば蠟人形が置かれたギャラリーで感じるような奇妙な印象から、死んだ芸術あるいはあらたな芸術の痕跡のうえに我々を位置づけることは、ずっと以前から可能であったように思える。[……]また、命をもたずに命があるような見かけをもつあらゆる存在は、尋常でない力を喚起するようにも思える。そしてこの力が、詩が喚起するのと同じ性質の力ではまったくないと決まっているわけではない。このような、我々に似ているけれども明らかに死んだ魂を宿した存在が抱かせる恐怖は、それらに神秘が絶対的に欠けていることに由来するのだろうか。[……]それはわからない。しかし、それらが動きまわる恐怖の雰囲気は、詩の雰囲気そのものである。結果として、おごそかな声で我々に話し

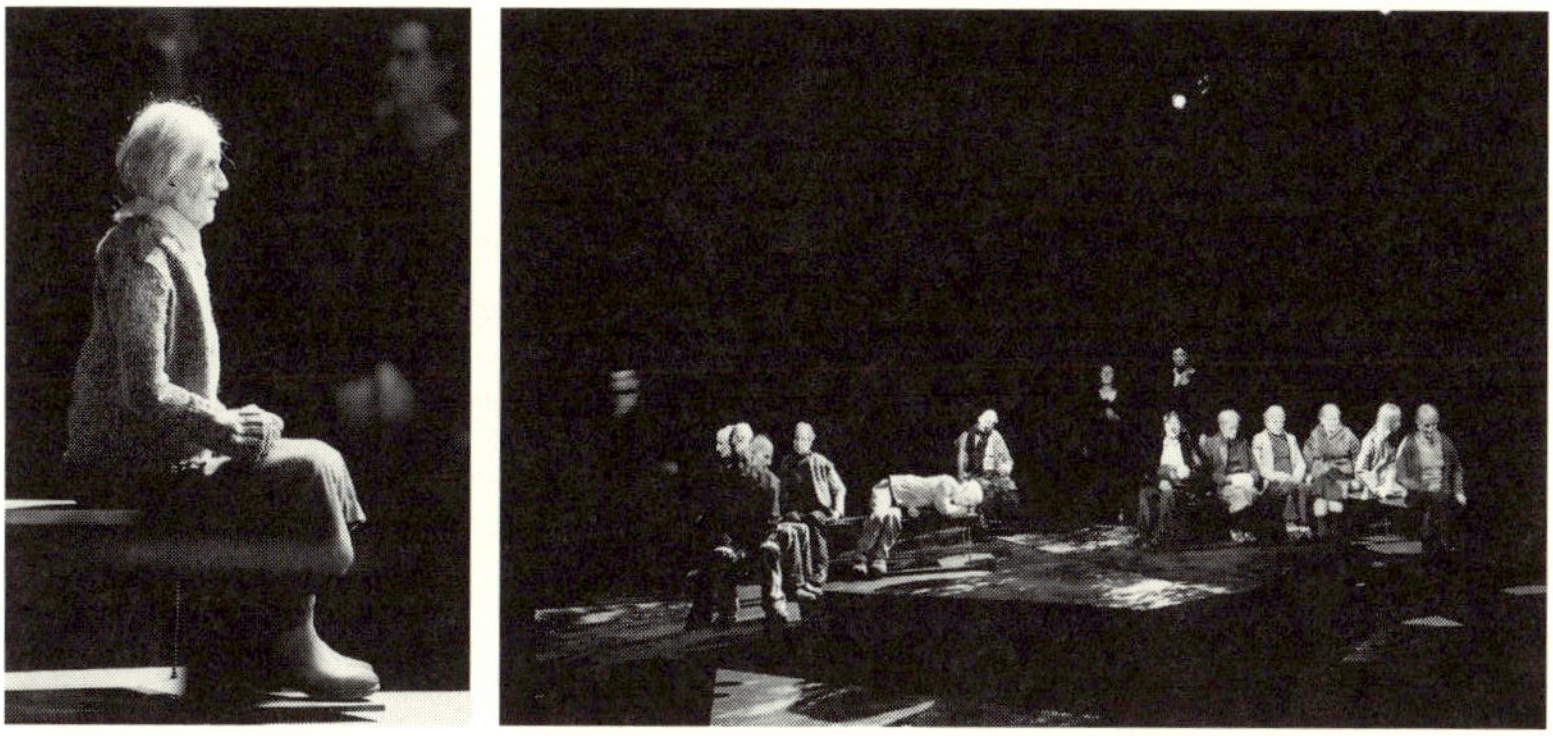

写真７　メーテルランク『群盲』
コンパニー・トロワ・シス・トロント（2008年）

かけているのは死者たちのようなのである。[234]

ここでメーテルランクが蠟人形をまえにしたときの感覚を「奇妙な印象 les étranges impressions」としているのは、それが「命をもたずに命があるような見かけをもつ a[voir] l'apparence de la vie sans avoir la vie」ためだと考えられる。二〇〇八年、コンパニー・トロワ・シス・トロント Compagnie trois-six-trente は精巧に人間に似せた人形を用いてメーテルランクの『群盲』を上演し、そこでは人間の俳優と蠟人形が共演したが、両者の存在感の質の違いは人形が人間に似ていれば似ているほど際だって見えるものである［写真７参照］。つまり、ここでメーテルランクも書いているように、舞台上に置かれるものが「我々に似ている」ということは重要な要素である。「我々に似ているけれども明らかに死んだ魂を宿して semblables à nous, mais visiblement pourvus d'une âme morte」いることにより、その存在はどこか不気味さを醸し出すのである。プティ・テアトルの人形についても、マラルメの従甥でありパントマイム俳優でもあったポール・マルグリット（Paul Marguerite 1860–1918）は、それが「ぼんやりとして神秘的な生命 une vie falote et mystérieuse」をもっており、その動きには「驚かされ、不安にさせられる」と述べている。[235] しかしマルグリットは同時に、人間の俳優が自分を詩的なものにするのはむずかしいが、「マリオネットたちは自然のままで詩的である」と主張する。[236] マリオネットにより喚起される不安の感情は、メーテルランクにおいて命のない存在が動き出すことによってつくられる「恐怖の雰囲気 l'atmosphère de terreur」が「詩の雰囲気そのもの l'atmosphère même du poème」であるのと同様に、詩的なものの源泉となっているのである。

人形によってこのような詩の雰囲気がつくり出されるのが、「命をもたずに命があるような見かけをもつ」という特徴によるのだとすれば、それは俳優の表現における意識の否定と結びつくのではないだろうか。メーテルランクと同じベルギーの劇作家ミシェル・ド・ゲルドロード（Michel de Ghelderode 1898-1962）の言葉を参考に、このことを考えてみよう。表現主義の空気のなかで不条理劇の先駆けのような劇作品を生み出したゲルドロードもまた、生身の俳優に失望し、マリオネットに理想の俳優像を見いだす。そして彼によれば、人形たちの利点は、「生まれつきの控えめさ réserve native」と「これ以上ない沈黙 imperfectible silence」[238] である。これはどちらも意識の不在に関わっていると考えられる。「控えめさ」は、人形たちに意識がなく、自分をよく見せようとすることがないことから生まれてくるものだろう。そして、「これ以上ない沈黙」もまた、人形に意識がないことによるものである。人間は、たとえ黙っていても意識が働いているのを感じさせるため、その沈黙は完全なものにはなりえない。喋らないことにはなにか含みがあるのではないかと、受け手もその沈黙をなんらかの意図として考えてしまいがちだからである。これに対し、人形の沈黙は決然としたものであり、沈黙をただそのままに提示することを可能にする。そしてそれゆえに、人形のたたずまいは背後に大きなものを見せることになるのである。

## 3　身体表現の魅惑

十九世紀末に演劇人たちの興味を引いたもうひとつの芸術として、舞踊が挙げられる。もっとも知られているのはマラルメの舞踊論だろう。しかしジャン・ジュリアンやアドルフ・タラッソもまた、舞踊にあらたな舞台の可能性を見ていた。まず彼らの舞踊への興味について概観してから、マラルメの舞踊論について考えてみよう。

ジュリアンは妖精もの féerie のジャンルに注目し、それを未来の演劇のためのひとつの参照点と考えていた。そして、『生き生きとした演劇』の第二巻で、舞踊をその重要な構成要素として捉えている。ただし、大勢で同じ動きをするようなイタリアのバレエを「軍事訓練 exercises militaires」のようであると厳しく批判し、これに対し、「バレエの象徴的な魅力 le charme symbolique du ballet」や「動きが生み出す詩 la poésie du geste」を重視する。[239]こうして、のちにイサドラ・ダンカンが登場してきたときも、ダンスという芸術が復活したことに対しての鮮烈なよろこびを語っている。[240]この興味は、『生き生きとした演劇』の第一巻で、もともとジュリアンが言語表現に勝る身体表現の効果を指摘していたことに端を発している。その部分を少し見てみよう。

ところで劇の筋のなかで、しばしば言葉が、魂の動きを表現するのには無力であることはないだろうか。さらに言うなら、言葉はしばしば魂の動きとくい違ったり、それを滑稽なものにしたりする。観客が心をつかまれているようなとき、ほとんどの場合、言葉はフットライトの向こうがわへは届かない。動作や動きの強度、的確さ、簡潔さが観客をはらはらどきどきさせるのである。とはいえ、この動作は軽々しい空虚な演劇の動作であってはならない。[241]

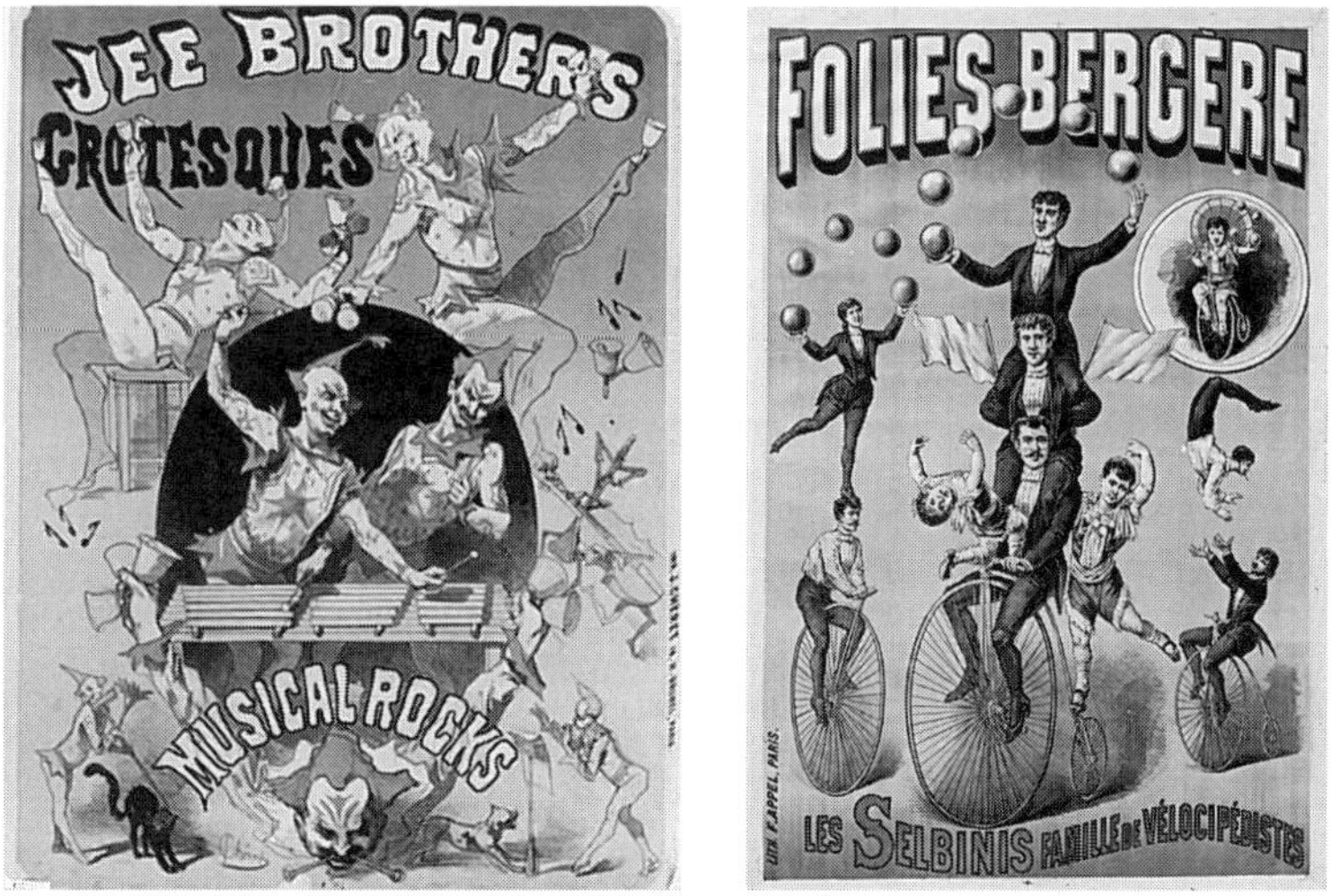


写真８　19世紀末にさかんだったアクロバットなどのショーのチラシ

このように、「魂の動き les mouvements de l'âme」を表現するのに言葉がしばしば逆効果になるのに対し、「動作や動きの強度、的確さ、簡潔さ」が非常に有効なものだとされている。また、この動きが「演劇の動作（芝居がかった動作）un geste *théâtre* であってはならない」とされていることも注目に値する。この「演劇の」が原文でイタリックになっているのは、ジュリアンが否定していた当時の職業俳優たちの大仰で型にはまった動作を指すためだと考えられる。ジュリアンは、当時袋小路に陥っていた演劇を参照しながら演劇を革新することに限界を感じ、他のジャンルに依拠しながら演劇を変える可能性を暗示しているのである。この時点でジュリアンは、参照点としてパントマイムを挙げ、十九世紀末にパントマイムが復権してきていたことを、言葉によって「生のイリュージョンが破壊される」という状況を払拭する可能性があるものとして歓迎している[242]。その後、ジュリアンのなかで妖精ものの重要度が高まるにつれ、その興味はパントマイムだけではなく、舞踊やサーカス、アクロバットなどへと及んでいくのである。当時のこうしたパフォーマンスの多彩さは、公演のチラシからも窺える［写真8参照］。

第2章で演劇論を検討したアドルフ・タラッソもまた、舞踊について書いている。彼は、「生による動き」の芸術について説明する導入として、それがわかりやすいという理由で舞踊を例に出している。ここでタラッソは、テクニックが完璧でなくとも舞踊手としての存在感を感じさせる舞踊を評価している。タラッソはそれを、「彼女たちはひとりひとりに固有の意志 volonté と生 vie によって統制されていた」と表現している。(243) 個々人に固有の情緒や内面性が表現の重要な構成要素になるという考え方は、モダンダンスをも予感させるものである。しかしながらタラッソは、これを俳優論に発展させていくことはなく、そのまま「生による動き」の芸術一般についての説明に移っていく。そこで本書では、舞踊の表現が演劇にもたらしうる変化をより根本的なレベルから検討するために、マラルメの舞踊論を見ていきたい。

## 4　「紋章」としての表現——マラルメの舞踊論

マラルメは、一八八六年から八七年にかけて、『独立評論 *La Revue Indépendante*』誌に舞台評論を連載した。このなかのバレエに関する記事と、一八九三年にロンドンの『ナショナル・オブザーヴァー *National Observer*』誌に寄稿した記事をもとに編集されたのが『ディヴァガシオン *Divagations*』（一八九七年）のなかの「芝居鉛筆書き Crayonné au théâtre」に収められた舞踊論である。ここでは、マラルメの舞踊についての考えをよく表しており、もっともよく参照される箇所を二つ見てみよう。まずは、バレエというジャンルに対する一般的な説明となっている部分である。

バレエは少ししか表さない。それは想像力を要するジャンルだ。花、波、雲や宝石といった脈絡のない一般的な美の記号が、視線に対してそれぞれ独立して現れるとき、もし我々において、その記号を知る唯一の手段が、我々のむき出しの精神とその見かけを並べてみて、精神がその見かけを似通ったものと感じるか、このような飛び去った形と精神のなんらかの甘美な混淆のうちにみずからとその見かけをつなぎ合わせることだとすれば——ただしそれは、観念がそこで表明されるような儀式を通じてでしかないのだが——そのとき踊り子は、夢想のたゆたいのなかで、なかば問題となっている要素、なかばそれとひとつになりうる人間に見えてこないだろうか。[244]

ここではまず、バレエとは、「脈絡のない一般的な美の記号」が、独立して我々の眼差しに提示されるものであることが述べられている。そしてバレエの観客は、そうして与えられた記号の「見かけ」を、みずからの「むき出しの精神」、つまり我々の内奥の部分と引き比べてみることによって、その記号を知覚する。それは、脈絡なく散らばっているけれども、我々の内奥とどこか似ているような気を起こさせるものなのである。バレエという芸術の受容は、このように一種の「夢想」を通しておこなわれるのである。マラルメはこの過程で、踊り子が、観客の目に「問題になっている要素」と「それとひとつになりうる人間」とのどちらにも見えてくると書いている。「問題になっている要素」は作品の主題であり表されるもの自体、「それとひとつになりうる人間」とは表現者のことだと考えられる。[245] つまり、舞踊においては、表される対象と表す主体が渾然一体となって感じとられるのである。

この点こそ、舞踊を導きの糸として俳優の演技の変化を考えるときに重要なものである。マリー・フライシャーは、象徴主義と舞踊のコラボレーションについて分析した著書で、「ダンサーは俳優と違って、直接登場人物を『演じる』というよりも、イメージや感情を体現する」と論じている。[246] つまりその場合、ダンサーは感情を表す演技をするのではなく、感情そのものに「なる」ことが求められるのである。これはバレエとモダンダンスの違いを明らかにするものでもあるが、このことを俳優の演技にあてはめて考えることは、我々にとって有益である。「認知」の内面化によって劇的衝突（アゴーン）が俳優の身体へと内面化していくとき、感情を外面的特徴の再現によって表現して「見せる」のではなく、そのものに「なる」という方法は有効になるからである。これは、「演じる」から「なる瞬間のあわいを見せる」と言い換えてもよいかもしれない。それこそが、メーテルランクの劇において「もうひとつの劇」と呼ばれていたあらたな劇を見せるために必要な「敷居」をつくり出す演技だからである。そしてこの「なる瞬間のあわいを見せる」ことが表現の中心に置かれるとき、俳優の見せようとする意識はどうしても障害になってしまう。マラルメが、この引用のすぐあとで「踊り子の非人称性impersonnalité de la danseuse」[247]と書いているのはそのためである。対象に「なる」ためには、踊り子の個性personnalité は消し去らなければならないのである。これは、マラルメのロイ・フラー（Loïe Fuller 1862-1928）の描写とも呼応している。フラーは、からだよりも大きな布のひるがえりと色とりどりの照明によってモダンダンスの先駆けとなる舞台を生み出し、世紀末のパリで大人気を博した踊り手である〔次頁の写真9参照〕。マラルメは、彼女の踊るさまを、「輝かしくもつめたく、形を生み出す女は恍惚とする」[248]と書き、さらには、その舞踊により空間がつくられることを「透明な喚起 évocation limpide」[249]と呼んでいる。表現の主体が「恍惚」という一種自失の状態に陥り、「透明な」ものとなることが必要とされているのである。

しかし、「演じる」ことではなく「なる」ことが問題になるとき、実際には演者はどのように表現をおこなうのだろうか。「バレエ Ballets」と題された小文から、マラルメの舞踊論のなかでもっともよく引用される一節を引いてみよう。

写真9　ロイ・フラーの舞踊の様子

つまり、踊り子は踊る女ではない、それはつぎに並置される理由による。つまり、彼女がひとりの女性ではなく、剣、盃、花などの我々の形態の基本的な様相のひとつを要約する隠喩なのだということと、そして彼女が踊っているのではなく、驚くべき縮約や飛躍によって、もし文字で書いたなら、表現するためには散文の対話や描写で数段落も必要であろうことを、身体のエクリチュールでもって暗示しているということがその理由である。それは書き手のあらゆる道具から解放された詩なのである。(250)

ここでは、踊り子の表現の仕方が説明されている。マラルメにとって舞踊とは、踊り子が「我々の形態の基本的な様相のひとつを要約する隠喩 une métaphore résumant un des aspects élémentaires de notre forme」となることで成立するものである。また、その表現は「驚くべき縮約や飛躍 le prodige de raccourcis ou d'élans」を用いて「暗示する suggér[er]」することが中心となる。ここで、「要約」や「縮約や飛躍」という言葉が表しているように、事物をそのまま示すのではなく、それになんらかの変換を加えて表現することが求められていることに注意したい。表現者の非人称性を前提とした「透明な喚起」が問題となっているとはいえ、表現にはある種の不透明性が必要になるのである。思えばこれは、表現の方法が「暗示」である以上、当然のことなのかもしれない。そして、それを担うのが「身体のエクリチュール une écriture corporelle」である。これは、ダンサーが「自然」な動きを獲得していく過程を思わせる。ダンサーは、まず訓練によって動きの癖を消し、ニュートラルな動きを獲得することが必要である。これは自然な動きを規律化することであり、動きから自然さを消し去ることだと考えることもできる。しかしながら、そのようにして個人の癖を消したからといって、それぞれのダンサーの動きの質がまったく同じになるわけではなく、そこにはやはりある種の個性が残る[251]。これが、日常生活を通じて習慣になった無理な動きを取り去ったあとに現れる、「自然」な動きである。これは、見方によっては個性の消去のようにも思えるかもしれないが、観客の内奥と響き合うような「個」の探求は、むしろ表面的な個性を消すところからはじめられなければならないのである。マラルメにおいて、表現者の非人称性が唱えられながらも「個」が否定されるわけではないことは、矛盾ではなく、このような事情によるものではないだろうか。

そして、踊り子が「隠喩」となってさまざまな形態をつぎつぎに要約し、文章であれば「数段落も必要であろうこと」を描き出していくとき、マラルメはそれを「紋章的 emblématique」な芸術と捉える。先の引用の少しあとの部分を見てみよう。

> ある芸術が舞台を占めている。それはドラマの場合には物語的なものであり、バレエの場合には別のもの、紋章的なものである。結び合わせなければならないが、混同はしないように[252]。

ここでマラルメは、ドラマは「物語的 historique」であり、バレエは「紋章的」であると区別している。「紋章的」という表現は、先ほどから見てきた引用のなかのマラルメの考えをよく要約している。バレエは「一般的な

「美の記号」が「独立して」提示される芸術だと説明されていたからである。また、紋章の独特の簡潔さと印象のつよさは、踊り子の「身体のエクリチュール」、あるいはそこに現れる「個」の特徴を考えるうえで示唆的である。マラルメにとっては、強烈な印象を放つある記号が、連続的にではなく離散的に示され、それが散文にはない凝縮度と速度をもって更新されていくことがバレエの魅力となっていたのである。

こう考えると、マラルメがロイ・フラーのパフォーマンスに特別の興味を示したのは当然であろう。先に述べたように、フラーの舞台は、ダンサーの動きに伴って大きく舞台いっぱいにひるがえる衣装と、それを照らすさまざまな色の照明を特徴としている。この舞踊は、抽象的なモチーフが少しずつ形を変えながら更新されていくという点で、音楽の視覚化として捉えることも可能である。物語の論理によらずにパフォーマンスが形成されることは、劇が再編成される十九世紀末において、非常に刺激的な例であったことは間違いない。劇において、複数の人物間の衝突が後景に退いて筋が内面化するとき、「物語的」な要素は希薄になるからである。イメージの去来によって人間の内面性を描くことは、第3章で言及したようなストリンドベリの断片を組み合わせた戯曲[253]を思い起こさせるものでもある。

また、布によりフラー自身がほとんど隠れてしまうことも、マラルメの「踊り子の非人称性」という表現と共鳴している。そもそも、フラーのこの舞踊が誕生したきっかけが象徴的である。それは、彼女がアメリカの舞台で、催眠術をかけられた未亡人という役柄を演じたときのことである。フラーは、登場人物が自失した状態を表すため、思いつきでスカートを極端に大きくつくり、それが彼女の舞踊のスタイルを決定していくことになるのである[254]。そして、フラーの舞踊が示唆的なのは、それが即興（インプロヴィゼーション）の要素を含んでいるからでもある。舞踊における即興は、身体感覚に導かれる部分が大きい。クラシックバレエの様式から舞踊を解放して自然発生的な動きを追求しようとしたイサドラ・ダンカンにおいてすでにそうであった。さらに、一九七〇年代のアメリカではじまり、現代では舞踊のひとつのジャンルになっているコンタクト・インプロヴィゼーションは、重心を動きのもっとも重要な原動力とすることにより、内的な身体感覚と即興の結びつきをより明確にしてきた。(255)このコンタクト・インプロヴィゼーションは、踊り手が他の踊り手とある一点でふれ、その部分に互いに体重をかけることが出発点となっている。そして、互いの重心がどのように動くかを探りながら動きを展開していく。自分の内部を注視するとともに、パートナーの重心の移動にも耳を澄ませ、それに反応していかなければならない。これと同じように、フラーにおける即興は、ひるがえる布の動きや重さに影響されて動きがつくられる部分も大きかったと推測できる。マラルメがダンカンの舞踊を見ていたらどのように反応していたかは想像するしかないが、ダンカンのように自己の発露が明確に打ち出された舞踊よりも、フラーのように布という外的要素にまかせる部分のある舞踊を、マラルメは結局好んだのではないだろうか。布に紛れるようにしてその身を隠しながら、しかしその布とみずからの重心の感覚に耳を澄ませ、そこに潜むエネルギーを更新するように動きを重ねていくフラーの舞踊は、表現における意識の問題を考えるうえで非常に示唆的である。このときの動きについての「意識」が、これまで見てきたような十九世紀末の演劇において否定された意識とは異なっているからである。むしろ、このように動きに内在するエネルギーをつよく「意識」することにより、当時否定されていたような意識は消失するのではないだろうか。これは舞踊が与えてくれる大きな示唆だが、これについては次章で芸術劇場や制作劇場における試みと結びつけながらふたたび検討したい。ここでは、俳優における意識の問題についてまとめるため、人形の身体と舞踊の身体を結びつけて考えてみよう。

## 5　舞踊の身体と人形の身体の出会い

人形の身体と舞踊の身体について考えるときに、非常に示唆的なテクストがある。ハインリッヒ・フォン・クライストの「マリオネット劇について」という短いテクストである。このテクストは、理論としても短編小説としても読める一〇ページほどの小品である。語り手が、大衆的なマリオネット劇場で、大成功を収めているオペラ座の第一舞踊手を何度も見かけて不思議に思い、声をかけるところからはじまっている。そしてこの舞踊手が、語り手に対し、マリオネットの動きを自分の踊りの手本としていること、さらに、人間の踊り手がマリオネットにはどうしてもかなわないということを語る小話となっている。つまりこれは、舞踊の身体と人形の身体の出会いの物語なのである。

これは一八一〇年のテクストであり、フランス語への初訳も一九三七年なので、直接の影響関係があったとは考えられない。しかし、生前認められなかったクライストは、まさに二十世紀初頭に注目を集め、現代になってから十九世紀末の芸術の変容との結びつきが注目されている作家である。それは、この作家にまず注目したのが、世紀転換期における言語の危機に注意を促したホフマンスタールであったという事実からもわかる。また、すでに言及したように、ベルナール・ドルトもこのテクストが「十九世紀末から二十世紀にかけての演劇の大きな変化を予告していたかのようである」[256]と述べている。さらに、このマリオネット劇場は「歌と踊りを伴う小劇で民衆をよろこばせている」ところだと説明されている。これは、二十世紀の演劇傾向を予言するとともに、マラルメの理想とする演劇の形となっていることをここで指摘しておきたい。マラルメは、大衆演劇であるメロドラマを高く評価していた。また、彼が「厳密に演劇的な力」として挙げるのは、「黙劇、曲芸、舞踊、単純なアクロバット」である。[257] 渡邊守章はこれらが「サブカルチャーの領域に排除されていたジャンルだった[258]」と述べているが、オペラ座の第一舞踊手と大衆演劇であるマリオネット演劇との出会いというこのテクストの主題は、まさにマラルメが思い描く演劇を象徴するものとも言えるだろう。単なる娯楽と見なされている人形劇について真剣に語る舞踊手に対し、語り手ははじめは驚き、のちに同意していく姿が示唆的である。

そして、ここでこのテクストをとりあげるのは、これが俳優の意識の弊害について語るうえで欠かせないテクストだからである。この対話のもっとも中心的な命題は、意識の問題である。つまり、人間の踊り手が人形にかなわないのは、人間に「意識」があるためとされるのである。たとえば、人間の踊り手より人形がまさると主張する踊り手に、語り手が人形の利点を尋ねるシーンを見てみよう。以下は踊り手の返答である。

——どんな利点があるかですって？　なによりもそれは、ないことによる利点なのですよ。人形というのは、実際のところ、もったいぶるということが一切ないのです。なぜなら気取りとは、ご存じのように、魂が動きの重心とはまったく違うところにいってしまったときに現れるものだからです。[259]

ここで踊り手は、人形に「もったいぶり」や「気取り」というものがまったく存在しないことを利点として挙げている。これは言い換えれば、余計な意識が介在してこないという利点である。この余計な意識が働く状態が「魂が動きの重心とはまったく違うところにいってしまったときに現れるもの」だとされているのも、先ほどのフラーの舞踊における即興性における動きの内在性と共通する考え方である。この引用のあと、オペラ座の舞踊手は人間の踊り手の失敗を挙げ、その失敗の理由をつぎのように説明する。

「このような誤りは」と、彼［オペラ座の舞踊手］は話を打ち切るように付け加えた。「我々が知恵の木の実を食べて以来避けられないことなのですよ。けれども天国には鍵がかかっていて、智天使ケルヒムが我々を追い回してきます。だから我々は、世界を一周して、もしかして後ろ側が開いていないか見に行かなければならないのですよ」(260)

つまり彼は、人間の踊り手の欠点を、知恵の木の実を食べて以来の反省的意識に見ているのである。あやつり人形は、あやつり手が重心を操作すると、それに完全に従って四肢が動く。そこに意識による反省作用はない。そのため人形の動きには「落ち着き calme」、「優雅さ grâce」、「たやすさ aisance」が備わっているというのが舞踊手の主張であり、彼は「意識が人間の自然な優雅さにどのような混乱をもたらすかよくわかっている」と人間の動きに対する意識の弊害を強調するのである。

そしてここで、人間は原罪のために天国の門は通れないけれども、「世界を一周して」、「後ろ側」から入る可能性を模索することが暗示されていることは興味深い。クライストは、このテクストを通して、なにかに到達しようとすることが困難であるときに、その方向でひたすら粘るよりも、敢えて反対の道を行くことを繰りかえし示唆しているからである。この「陰極まれば陽に転ず」を思わせる態度は、不可視のものを追究するために可視のものの徹底化に向かう十九世紀末の人々の興味と共鳴している。そしてこのような考え方により、「人形」と「神」が同一視されていくことになる。人間が人形に劣るということがどうしても納得がいかない語り手に対するオペラ座の舞踊手の言葉を見てみよう。

彼［オペラ座の舞踊手］は、人間が、わずかであれ、［優雅さという点において］ふたたび人形と同じようになることは不可能だと答えました。この点においては、唯一神だけが物質と釣り合うことができるのです。そしてそこでこそ、

この循環的な世界の両極がふたたび出会うことになるのです。(261)

ここで舞踊手は、「神」だけが意識をもたない物質である「人形」と釣り合うことができると語っている。中途半端な意識をもつ人間は、両者のあいだに位置しているようでいて、実はどちらからももっとも遠いところに位置している。クライストにおいて重要なのは、順番に階段を上って意識を制御する段階に到達するということではなく、突然「世界の両極がふたたび出会う」ことなのである。そして、人間の表現者がこの境地にいたるためには、この両極端なものを内部に同時にかかえこむことができなければならない。このテクストの最後の部分を見てみよう。

「優雅さは、人間の身体においては、もっとも純粋な形のもとに――まったく意識をもちあわせていないか、あるいは無限の意識を備えるか、つまり人形か、神のなかにあらわれるのですよ」
「つまり」、とわたしは彼［オペラ座の舞踊手］に少しぼんやりとした様子で言った、「我々はもう一度知恵の木の実を食べて、無垢の状態へとふたたび落ちなければならないのでしょうか？」(262)

意識をもたない人形の他に理想の踊り手がいるとすれば、それは中途半端に意識をもつ人間ではなく、物質性から解放されているために「無限の意識」をもつ神なのである。そしてここで、「ふたたび知恵の木の実を食べる」ということが問題になっていることは注目に値する。知恵の実をはき出すことではなく、もう一度食べることで「無垢の状態」を獲得することを、舞踊手は示唆するのである。ダンサーが「自然」な動きを、一見自然な動きと見えている動きを取り去ることで獲得する必要があるのと同じように、知恵の実を二度食べることによって身につく無垢さが重要なのである。

## 6 「意識の不在」と「無限の意識」の往還

知恵の実を食べるまえの無垢な状態は、人形の状態であるとともに、動物の状態でもある。クライストは、表現者としての優雅さを備えるためには、動物であるか神であるかのどちらかである必要があると述べているのである。しかし興味深いのは、テクストに挿入されるエピソードによって、同時にそのどちらでもある存在が暗示されているとも読めることである。オペラ座の舞踊手は、話の途中で、かつて野生の熊とフェンシングをすることになった経験をもち出している。そのなかで、野生の熊が、本気の攻撃はすべてかわすのに、フェイントには決して反応しないことにふれ、「まるで熊がわたしの魂をよむことができたようだった[263]」と語っているのである。動物的直観と言ってしまえばそれまでだが、「魂をよむ」という表現は、野生の獣と万能の神がひとつの存在に宿ったかのような印象を与える。

このような精神性の宿った動物という形象は、マラルメが熊を見せる小屋での体験を語った「見世物中断」という短いテクストにも現れる。そこで語られるのは、見世物の途中で熊が立ち上がり、調教師に抱きつくというハプニングである。四つ足の獣を人間が優越感とともに眺めるという、見世物の決まりきった構造が崩れることによって生まれた特殊な雰囲気は、マラルメをして「絶対的な境地」にいたと言わしめる演劇性を備えていた。このときの熊の動きがあやつり人形に比して語られることも示唆的だが、この一瞬顕現した「劇」が、えさである「肉」が熊に与えられることで――つまり過剰な動物性の介入によって――頓挫することもまた象徴的である。マラルメは、この状態を「先ほど演劇のきらめきが熊にさずけていた高貴な好奇心以前の、本能の状態にもどり、熊は四つん這いになった」[264]と表現している。つまり、獣に「高貴な好奇心」という一種の精神性が宿るところに、彼は「絶対的境地」を見いだしていたのである。

さらに、マラルメの踊り子の描写のなかにも示唆的な一節がある。彼はモーリ嬢 Mademoiselle Mauri というバレリーナを賛美しながら、彼女が「妖しく純粋な動物的雰囲気のある洞察によって主題を要約する必要がある」[265]と指摘する。演技を決定するのが「動物的雰囲気のある洞察 divination mêlée d'animalité」とされているのだが、ここに動物という語彙とともに用いられているのが、単なる直観を示す語ではなく、予言という意味合いももつ「洞察 divination」という語であることに注目したい。

俳優にとって重要なのは、むしろこのような動物と神の二重性ではないだろうか。マラルメが好んだ俳優ムネ＝シュリー（Mounet-Sully 1841–1916）についての文章を見てみよう。彼はコメディー・フランセーズで活躍した俳優である。

彼［ムネ＝シュリー］は、支配的な直感と、数世紀来のテクストに自分を無邪気に映したという事実によって、天才の雰囲気をあたりに押しひろげる。［……］それが、この同時代人の演技のおそらく特徴と創意工夫であり、彼は、自分自身にも時に解読不可能な直観から、注釈家のひらめきを引き出している。こうしてハムレットの症例をなしている病的な二重性というものが表現されるのが見えたのだ。そう、外面的には、義務の与える矛盾に満ちたむち打ちのもとでは狂人であるが、しかし、内面へと目を向け、永遠に溺れてしまったオフィーリア――そう、彼女なのだ！――と同じように無垢のものとして彼が抱えている内部の自己の像へと目を向けるときには、つねに自己を捉えなおすことができるのだ。混乱の下にある、手つかずの至宝。[266]

ムネ＝シュリーの演技を表現するのに、「直感 tact」や「無邪気に naïvement」という語彙がつかわれていることをまず指摘したい。そして、マラルメがこの俳優を称讃するのは、彼が直観から「注釈家のひらめき des éclairs de scoliaste を引き出している」からである。つまり重要なのは、「自分自身にも時に解読不可能な直観 l'instinct parfois indéchiffrable à lui-même」による意識をほとんど介在しない解釈と、極限にまで意識的な読書をおこなう注釈家の読解とを融合させることなのである。そしてマラルメは、ムネ＝シュリーがこの二重性を兼ね備えていたからこそ、ハムレットの「病的な二重性 la dualité morbide」を表現しえたと考えている。その二重性は、狂乱のさなかの無分別さと、いつでも自己を見通すことのできる冷静さの共存とされている。ここで捉えられる自己が、「手つかずの intact」と形容されていることからも、問題になっているのが普段は意識されない内面であることが窺える。この二重性を、ふたたび人形の特徴に照らして検討することで、演技における意識の問題についてまとめてみたい。

## 7　「二つめの知恵の実」としての俳優訓練

人形がしばしば理想の俳優像とされたのは、その存在がすでに二重性を兼ね備えていたからだと考えられる。それは、ひとつには生と死の二重性であり、もう一方では意識と無意識の二重性である。

前者については、ふたたびメーテルランクの引用を思い出しておこう。彼は蠟人形と相対したときの「奇妙な印象」を、「我々に似ているけれども明らかに死んだ魂を宿した存在が抱かせる恐怖」と説明していた。[267] つまり、我々にこのうえなく似ているようで、生きた魂をもっていないことによって決定的に我々からへだたっているという、両極端の要素を併せもっているところに鍵があるのである。そして、このような存在が「動く」ことによって我々の安心感が破られるときの「恐怖の空気」を、メーテルランクは「詩の雰囲気そのもの」だと述べていた。[268] このような存在そのものが醸し出すめまい感に似た雰囲気が、あらたな演劇性の源となるのではないだろうか。

後者については、先ほど少しふれたポール・マルグリットのマリオネットの印象を綴った一節を引用しながらまとめてみよう。

そして、生身の俳優の名まえや知られすぎている顔が、観客にイリュージョンを不可能にするか、あるいはきわめて困難なものにするような固定観念を押しつけてくるのに対し、人間ではないあやつり人形は、木や厚紙でできた存在であり、ぼんやりとして神秘的な生命をもっている。彼らの真実っぽいふるまいには驚かされ、不安にさせられる。彼らの本質的な動作は、人間の感情の完全な表現となっているのである。［……］本物の俳優がこのような効果を生み出したことはないだろう。［……］さらに付け加えたいのは、女優と、とりわけ男優にとって、詩的なものになるというのは非常にむずかしいことである。しかし、マリオネットたちは自然のままで詩的である。彼らは様式と無邪気さを同時にもっているのである。[269]

ここでポール・マルグリットは、「人間ではないあやつり人形」の「真実っぽいふるまい」に感銘を受けている。そして人形たちが「自然のままで詩的である」ことを指摘し、その理由を「様式 style と無邪気さ ingénuité を同時にもっている」点に見ている。動きが、明確な意識に裏づけられることによってある「様式」をもち、同時にそれが無意識のうちにおこなわれることが、詩的であるための条件となっているのである。もちろん人形の場合、この「様式」は、すでに人形のからだのつくりに内在しているものである。しかし人間の場合、「様式」と「無邪気さ」を同時にもつことは、意識と無意識を同時に兼ね備えるという逆説を乗り越えなければならない。またこれは、マラルメがロイ・フラーを形容しながら書いた「形を生み出す女は恍惚とする」[270]という表現も思い起こさせる。恍惚に自己を失いながらも形を提示することができるような意識の状態とは、どのようなものだろうか。

それを考えるときに貴重な示唆になるのが、「知恵の実を二度食べる」という表現である。つまり、舞踊の例とクライストのテクストをつきあわせながら見たように、演者に求められるのは、獲得された無意識なのである。クライストのテクストにおいてあやつり人形の動きと人間の踊り手の動きが比較されていたとき、人間の動きは「気取り」のために「魂が動きの重心とはまったく違うところにいってしまう」ことが問題になっていた[271]。そもそも反省意識がまったく働かなければ、重心と意識がずれるということはありえないだろう。しかし逆説的なことに、意識をなくすためには、きわめて意識的な試みが必要になる。それが「二つめの知恵の実」なのである。それを食べることによって無意識を身につけた状態こそが、俳優のからだのベースになるのではないだろうか。十九世紀末の演劇論や実際の試みをこのような視点から見直してみると、そこには二十世紀の俳優訓練術で展開されていく考えの萌芽が潜んでいる。第5章では、自由劇場と芸術劇場・制作劇場における試みを追いながら、彼らがいかに「様式」と「無邪気さ」の逆説を乗り越えようとしたかを見ていこう。

# 第5章

# 「脱力」と「型」にむけて

## 俳優の存在から生まれる演劇性

前章では、十九世紀末の演劇人たちがいかに演技における意識の弊害に気づいていたのかを明らかにし、そこから自由になるモデルとして、人形の身体と舞踊の身体がどのように捉えられていたかを考察した。その結果として見えてきたのは、俳優は、「心理的演技」から「内面性の表現」へと移行するために、無意識を表現の基盤として獲得する必要があるということである。世紀転換期の演劇の試みは、このための模索として見ることができる。本章では、この観点から十九世紀末の演劇の革新を担った三つの劇場の中心人物であるアンドレ・アントワーヌ、ポール・フォール、リュニエ＝ポーの試みを検討していく。前半ではアントワーヌを扱い、後半ではフォールとリュニエ＝ポーを扱う。フォールの芸術劇場とリュニエ＝ポーの制作劇場を同時に扱うのは、すでにふれたように両者が連続した試みだからである。フォールは、彼自身が後年認めているように演劇には向いていなかったという自覚があったためか、早くに芸術劇場をやめ、(272)メンバーのひとりであったリュニエ＝ポーがそれを引き継いで制作劇場をはじめたのである。

どのようにして無意識に働きかけていくのかという問題に対して、彼らはそれぞれの方法を見つけ出していく。アントワーヌの場合、俳優の身体をいかに優れた受容体にするかという問題が焦点となっている。彼の場合は、まず当時の演劇的慣習を打ち破る必要があったために彼自身の考えはわかりにくくなっているが、その演劇論を丹念に読めば、その俳優観の独自性が見えてくる。とりわけ、第2章で検討した「環境」の理論とつきあわせながらその理論を精読することで、あらたな俳優像を浮き彫りにする。環境理論が演技に応用されるとき、すでに演技の要点は役柄をうまく演じるところにはないのである。

この変化は、芸術劇場と制作劇場においては別のアプローチがとられ、俳優の役割は、登場人物を表象することから明確にへだたっていくことになる。彼らは演技を様式化し、登場人物を写実的に再現することから距離を置くことで、俳優の無意識へとアプローチしようとする。それは、様式によってかえって演者の意識を研ぎ澄まさせ、そのことにより余計な意識を遮断する仕方であり、リアリズムを廃止することによって心理的演技が侵入してくる隙をなくす試みである。これらが実際の上演で成功したことは稀であり、世紀末の彼らの試みは、その準備不足もあって子どもっぽい実験として受けとめられることもあった。しかし、そこから演技の方法論をとり出し、その後の舞台の変化に伴う俳優のあり方の変化とあわせて検討することにより、現代演劇につらなってい く革新性が見いだせるのである。なぜなら、これから見ていくように、彼らの試みは、序章で現代演劇の上演例を挙げながら問題にした、劇空間をつくり出すことのできるからだの模索に関わっているからである。それは、登場人物を忠実に再現することではなく、俳優の存在自体のもつ演劇性によって劇というできごとを生み出そうとする現代演劇やコンテンポラリーダンスの試みと結びついている。そこに現れてくる表現は、前章で考察したような意識のあり方を前提にし、人形やダンサーの表現のあり方と非常に近しいものである。このような俳優の表現を描き出すことにより、身体が演劇にもたらす可能性について考えたい。

そして、そのようにして無意識を獲得していくとき、人間の俳優もまた、人形の不気味な存在感に類するような独特の存在感を得るのではないだろうか。そのような存在感によってつくられる舞台は、第３章で明らかにした劇作術の変容と共鳴しながら、あらたな劇の姿を示してくれるのである。本章では最終的に、受容体としての素地をつくるという考え方と様式の重視とが、「演技」から「表現」への大きな移行の契機となっていることを明らかにしながら、俳優が演劇性の源となるような劇のあり方を浮き彫りにしていく。

## 第1節　自由劇場における試み——環境を受容できるからだへ

### 1　シンプルさの復権

フランスで近代演出の創始者とされるアントワーヌだが、彼の功績は演出をはじめたことに尽きているとされることがしばしばであり、その美学的な価値についてはほとんど語られることがないのが実情である。語られるとすれば、演出をひとつの芸術として捉えたこと、書き割りの代わりに立体の舞台装置を用いるようになったことくらいである。しかしこれは、彼のもたらした改革が、今日ではあまりに当たりまえのことになっているためかもしれない。アントワーヌの演技についての考え方を分析するにあたり、このことを確認しておこう。

ポール・フォールは、当時の活動を振り返りながら、アントワーヌの功績を「言葉と役者の演技に強力なシンプルさを復活させた」[273]ことだと認めている。ジャン・ジュリアンも、シンプルさが当時の芸術において重要な鍵になっていると述べているが[274]、アントワーヌの演技における改革は、ある意味では非常に単純なものであった。

それはまず、俳優たちを普段の生活におけるのと同じように会話させたことにある。当時、俳優たちは、全員客席を向いて一列に並び立ち、順番に観客に向かって台詞を朗誦するというのが当たりまえであった。しかしアントワーヌは、俳優たちに、動きながら、あるいはさまざまな方向を見ながら喋るということをさせたのである。書き割りの舞台でなく家具が置かれるようになったのも、俳優が舞台上を動くようになったことと密接に関係している。そしてこのことにより、ようやく俳優の動きの技術という考え方が生まれたのである。アントワーヌ以前、俳優の技術は、ほとんど朗誦の技術と言い換えられるものであった。これは、コンセルヴァトワールが「国立高等音楽・朗誦学校 Conservatoire nationale de musique et de déclamation」という名であったことからもわかる。声と顔だけでなくからだ全体で演技するという考えは、実はアントワーヌが演劇に復活させたシンプルさなのである。

また、作品の内容に合わせて演出を変えるということも、現在では当たりまえのようだがアントワーヌがはじめたことである。当時の演劇は、「聖なる怪物 monstre sacré」と呼ばれたスター性のつよい俳優たちのすばらしい朗誦を聞かせることが最優先されており、劇作品の価値はしばしばそのための犠牲にされていた[275]。アントワーヌはこのような風潮を嫌い、作品の文学的な価値や特徴に忠実に舞台をつくることを目ざした。とりわけ彼は、戯曲に内在する「動き le mouvement」をいかに舞台化するかということに長けており、リュニエ＝ポーも、回想録で「アントワーヌは、だれよりも舞台の動きというものを指示する術を知っていた[276]」と述べている。現在の視点から見ると、作品にあまりに忠実であることは保守的にも思えるかもしれないが、それは劇作品がショーのための口実に堕してしまっていた当時の状況に変化を促すための重要な一歩であり、この段階を超えてこそ、作品のあらたな意味を演出によって引き出すという現代演劇における試みも可能になったのである。

これらは、現在の我々からすると当たりまえのことのようだが、当時の人々にとっては充分に「強力なシンプルさ」であり、演劇の改革を促すのに充分だったのである。そして、俳優特有のからだをつくることについても、アントワーヌの考えはきわめてシンプルなものである。それについて、すでに見た環境理論とも関連づけながら見ていこう。

## 2　空間の生成——「環境」としての舞台装置

第2章で、アントワーヌが演技を決めるよりまえに、まず舞台装置をつくるという順序を重視していたことにふれた。ここでその部分を思い返してみよう。アントワーヌは、そこに家具や小道具を配置してようやく俳優の動きを決められると主張していた。「環境が登場人物の動きを決定するのであり、その逆ではない」というのがその理由である。[277] つまり、意味を生み出すのは、なによりもまず舞台装置と小道具からなる空間なのである。ここに、アントワーヌの革新的な部分がある。彼の功績は、書き割りに代わって立体の装置を用いるようになったこと自体にあるのではなく、空間によって劇の素地をつくるようになったことにあるのであり、ここにこそ近代演出の誕生を見ることができるのである。「演出は、劇の筋に見合った枠を提供するだけではなく、その真の性質を規定し、雰囲気をつくり出すものである」[278] というアントワーヌの言葉がそれをよく表しているだろう。ここで重要なのは、「雰囲気をつくり出す」ことが可能になるような空間をまず先に用意するという考え方である。

また、アントワーヌがあらたな演劇を「物質的な状況をもつ筋の演劇 théâtre d'intrigue, à situations matérielles」[279] と定義していることもこの文脈に位置づけることができる。「物質的な状況」という表現は興味深い。ここでは、劇的状況は物質によってかたどられるものとされている。つまり、家具や小道具の配置という「環境」から登場人物のタイプや癖が浮かびあがってくるように、劇自体がものから喚起されるようにして知覚されるようになるのである。これは、第3章で詳しく見たメーテルランクの劇の視覚装置としての特徴を思い起こせばわかりやすいだろう。

このような「物質的な状況」のなかで、俳優はどのような仕事をするのだろうか。興味深いことに、アントワーヌは環境と登場人物の関係を、舞台装置と俳優の関係へ敷衍する。「演出についてのお喋り」のなかの一節を見てみよう。

俳優の演技は、これほど多くのものに囲まれ、我々の現代インテリアの産物である複雑な家具のなかで、自分たちも知らないうちに、そしてほとんど自分たちの意志に反して変化し、その立ち姿や所作は、より人間的に、より強烈な、より生き生きとしたものになるのである。[280]

アントワーヌは、俳優の演技を「人間的」で「生き生きとした」ものに変化させるのは、「多くのもの tant d'objets」であり「複雑な家具 l'ameublement compliqué」――つまり「環境」だと考えている。ここで注目したいのは、舞台上でまわりにあるものの影響を受けた俳優が、「自分たちも知らないうちに à leur insu」変化するということである。さらに、その変化が「ほとんど自分たちの意志に反して presque malgré eux」起こることだと描写されていることを強調しておきたい。俳優が舞台装置という環境から受ける影響は、本人には知りえない領域においてのことであり、それは時に本人の意志に逆らって起こることすらあるのである。

これは、前章で見た「鍵盤」や「あやつり人形」としての俳優像と呼応している。そこでは俳優は、「なぜそれらの感情が求められているのかを考えることなく」感情の表現をすることを求められていた。[281] しかし、それが演技の創造性を否定するものではなかったことも、すでに指摘したとおりである。アントワーヌは、演技のむずかしさとすばらしさをよく認識していた。むしろ、「自分の意志に反した」変化が起こることは、生き生きとした創造的瞬間の契機なのである。このことは、アントワーヌ自身の俳優としてのエピソードからもわかる。[282] 彼は、イプセンの『幽霊』で役を演じたときに「自分の個性のほぼ完全な喪失 la perte à peu près complète de ma personnalité」[283]を体験しているが、それは肯定的なものとして語られるのである。これは、意識的な表現によっては到達できないところに照準が合わされているからである。

## 3　からだの印象と動きの重視

本人の意志によってはコントロールできない部分という意味では、アントワーヌは俳優それぞれのからだが与える印象も重視していた。彼はつぎのように述べている。

俳優たちの身体的特徴が、彼らが演ずる登場人物の一部をなすべきであり、劇のある瞬間において、彼らの手、彼らの背中、彼らの足といったものが長台詞よりも雄弁になりうること[284]。

ここで、手足というもっとも動きのある部分に加え、「背中」という本人には見ることのできない部分が付け加えられていることも興味深い。アントワーヌは、からだのさまざまな部分が、俳優にもわからないうちに観客に与える印象を重要な表現の一部と考えていたのである。そもそも、観客が俳優の背中を見るという体験自体、アントワーヌが演劇に導入したものである。彼は、フランシスク・サルセーに宛てた手紙で、背中を向けた演技というのは、「観客のことを気にかけておらず、なにかが起こったという感覚」を与える効果があると書いている[285]。アントワーヌは、観客のことを気にしてなにかを「見せる」のではなく、観客のことを忘れているときに「見えてしまった」ものこそ舞台で効果を生み出すと考えていたのである。

先にアントワーヌの功績として、俳優の顔と声だけでなくからだ全体を演技に参加させるようになったことを挙げた。もちろん、それまでの俳優において、からだの生み出す印象がまったく問題にならなかったというわけではない。しかしそれは、むしろ静止したポーズから生み出される彫像としての印象であり、動きを重視するアントワーヌの考えからは隔たっていたのである。これは、当時の状況に鑑みると非常に革新的な発言である。しかしながら彼は、機械的な動きは否定していた。一八九〇年に発行された自由劇場の活動報告や理念を記したパンフレットの一部を見てみよう。

純粋に機械的な動き、気どった声、経験による冗長な動作といったものは、単純化と劇の筋の現実への回帰とともに消え去り、俳優は自然な動作へと立ち返り、声だけから引き出された効果は、全体的な組み立てによって置き換えられるだろう。(287)

ここでアントワーヌは、「純粋に機械的な動き le mouvement purement mécanique」や「経験による冗長な動作 les gestes empiriques et redondants」といったものは「自然な動作 gestes naturels」へと移り変わっていくだろうと予測している。わざとらしくつくられた動きは否定されているのである。また、「声だけから引き出された効果 *effets tirés uniquement de la voix*」が否定され、からだ全体での表現が必要とされていることも再確認しておきたい。そして、動きが俳優の「もっとも強度のある表現の方法」とされているからといって、それが超人的な動きではないことにも注意しておこう。アントワーヌが求めているのは、あくまで「自然な動作」であり、そこに強度を宿らせることなのである。

## 4　表現の素地としてのからだ——無意識の交感

それでは、自然な動作とはどのようにして獲得されるべきなのだろうか。アントワーヌが理想の俳優を「鍵盤」に喩えていた部分をふたたび見ながら考えてみよう。

> 俳優の絶対的な理想は、作者が自由に演奏することができるような鍵盤、すばらしく調律された楽器になることでなければなりません。単に物質的な技術的教育が、俳優のからだ・顔・声を物理的に柔軟にし、適切な知的教育によって作者が彼に表現させせようとすることを単に理解できるようになれば、それで充分なのです。(288)

俳優の理想は「鍵盤」であり、「すばらしく調律された楽器」である。ここで「すばらしく調律された merveilleusement accordé」と書かれていることに注目したい。この「調律」の過程こそが、俳優訓練の段階になると考えられるからである。それはそのあとに書かれているとおり、「からだ・顔・声を物理的に柔軟にし」、作者の指示を理解できるだけの知性を身につけさせることを指す。つまり、役柄を演ずる稽古よりも、素地をつくることが問題になっているのである。

アントワーヌが考える動きのための訓練が、アクロバティックな技術を得ることを目指すようなものではないことには先ほど言及したが、それがからだや顔や声を「柔軟に」するという、ごく単純なことからなっているのは興味深い。しかもアントワーヌは、わざわざその教育が「物質的な」ものであり、柔軟さは「物理的な」ものであることを強調している。ここで言われている柔軟さは、さまざまな指示にすぐ対応できるような、精神的柔軟さとは関係のないごく単純なからだの柔らかさである。演技をするにあたって、まずからだ・顔・声がほぐれていれば、アントワーヌにとっては充分なのである。これはきわめて単純なことではあるが、同時に非常に重要である。現代においても、俳優の稽古はまず脱力することからはじまることがもっとも多く、そのためのエクササイズやゲームなども多く存在する。[289] アントワーヌは体系的な訓練法をつくり出すまでには至らなかったが、からだを柔軟にほぐしておくことによって、表現の素地をつくっておくという考え方は、現代にまで通じるものである。[290] それは、意図して構築するのではない表現が素直にからだに反映されるように、柔軟な身体をつくることが俳優に必要な訓練だという考え方である。俳優の身体は、表現の主体というよりも、受容体なのである。

この点についてもう少し考えてみたい。舞台装置について述べた部分に、象徴的な表現がある。アントワーヌは、イギリスやドイツの舞台装置の配置に感じ入り、それを「非常に精彩に富み、生き生きとし、思いがけなさと親密さに満ちた si pittoresques, si vivantes, pleins d'imprévu et d'intimité」ものであると形容している。[291] ここで、「親密さ intimité」という私的なことや、内的な生に関わるものを指す言葉が「思いがけなさ imprévu」という語と並置されているのは注目に値する。アントワーヌは、表現者の内面と密接に結びついた完全にコントロールできるような創造性でもなく、あるいは内面から完全に独立した創造性でもなく、個人の内奥から発してはいるものの、当人も驚くような「個性」のゆたかさに直感的に気づいていたように思えるのである。そして、からだを通じて探求できるのは、まさにこうした「個性」である。からだと遊ぶことによって気づかされるのは、自分のからだのなかから現れるという意味では非常に内的でありながら、いつもはっとさせられるような意想外のことだからである。とはいえ、アントワーヌの場合、からだの次元が、舞踊への興味という意識的な形では現れてきていないことが興味深い。彼は自分を職人や労働者に喩え、自分は今おこなっている行為についての具体的な質問には答えられるが、俯瞰的なことを考えるには不器用な気質であると述べている。[292] 実際のところ、彼は身体的な次元を、いわば無意識のうちに取りこんでいるのである。そこにアントワーヌのおもしろさがあり、またそれが、無意識とからだとの関わりをまさに体現しているとも言えるのである。

最後に、アントワーヌが観客へも身体的に働きかけようとしていたことも付け加えておきたい。照明について述べた一節である。

照明は、演劇の生命であり、舞台装置の偉大な魔法であり、演出の魂である。照明だけが、うまく用いられれば、雰囲気、舞台装置の色調、深み、奥行きを与えるのである。照明は観客に身体的に働きかける。その魔法は演劇作品の内奥の意味をすばらしく際だたせ、強調し、それとともにある。(293)

アントワーヌは、照明のすばらしさとして「観客に身体的に働きかける」ことを挙げている。光は、においなどと同じように、物質性が稀薄なだけ、より潜在意識に働きかける。アントワーヌは、少なくともそのような潜在的な部分での交感に敏感だったのである。そして、そのような無意識でのやりとりが演劇において重要であることに意識的であった点で、彼は確かに、演出と演技術を通じて発展していく現代演劇の祖であったと言えるのではないだろうか。

## 第2節　芸術劇場・制作劇場における試み——写実演技の彼方へ

### 1　俳優の消失という理想

それでは、芸術劇場と制作劇場へと視点を移してみよう。一八九一年二月二四日の『エコー・ド・パリ *Écho de Paris*』に「以後、芸術劇場は完全に象徴主義的になる」というポール・フォールの宣言が掲載され、芸術劇場は、象徴主義の理論に大きく影響を受けた上演をおこなっていくことになる。この宣言のときに名が挙げられているのが、マラルメ、ヴェルレーヌ、ジャン・モレアス（Jean Moréas 1856-1910）、アンリ・ド・レニエ（Henri de Régnier 1864-1936）、シャルル・モリス（Charles Morice 1860-1919）といった象徴主義の詩人たちである。詩人たちの演劇論に共通するのは、上演の物質性の否定である。最近、象徴主義演劇について刺激的な著書を発表したミレイユ・ロスコは、「上演の拒否 refus de la représentation」という象徴主義演劇の根本的な特徴について丁寧に分析しており、それを「消失の力学 dynamique de disparition」によって捉えている(294)。詩人たちが舞台から背を向けようとするのは、実際の上演が、テクストによって喚起される頭のなかのイメージにかなわないからである。俳優の存在感が否定されるのはこのような理由からであり、それはすでに見たような俳優の身体性の否定へとつながっていく。こうしてシャルル・モリスは、詩人の俳優に対する絶対的優位を主張する。

> 芸術劇場の原則のひとつは、演者に対して誇張した、個人的な重要性を一切もたせないということである。すべてが詩人から発せられるのであって、俳優は詩人に絶対的に服従しなければならないのである(295)。

俳優に対する作者の優位という側面は、すでに見たアントワーヌの引用にも現れており、アントワーヌ自身は、上演のチラシから俳優の名を消すということもおこなっていた。しかし、それと比べても、ここでモリスが俳優の表現の自由を否定する語調は決然としたものである。

ただし、やはりここでも上演の現実について考慮しておかなければならないだろう。フォールは芸術劇場を創設したとき、まだ一八歳の高校生であった。みずからあちこちの家を訪ねて劇場の会員になってもらった行動力はすばらしいが[296]、決して資金繰りが潤沢だったとは言えず、俳優も寄せ集めの状態だった。これはフォールが上演をメンバーにまかせることが多く[297]、結局のところ演出家にはなりえなかったためでもあるのかもしれない。こうして集ったのは、一方では彼らの拠点であったモンパルナス界隈でメロドラマを演じていた俳優たちであり、他方では若い学生たちである。学生たちのうちの数人はコンセルヴァトワールに通っていた。メロドラマを演じていた俳優たちの自分の個性を押し出す癖がなかなかぬけなかったことはすでに見たとおりであるし、若い俳優というのは、その自意識のつよさから存在が鼻についてしまう場合が多い。不慣れな場合には余計にそうである。また、芸術劇場の上演がしばしば準備の不充分さからほとんどドタバタ喜劇のようなトラブルに見舞われていたことからも[298]、その上演が詩人たちの満足のいくものでなかったことは想像できる。

象徴主義の詩人たちによる上演の否定は、当時の職業俳優たちの大仰な演技とともに、こうした事情も加味して考えなければならないだろう。とはいえ、舞台をなんらかのヴィジョンの啓示の場として考えていた彼らにとって、やはり頭のなかのイメージは非常に重要だっただろう。ラシルド夫人（Rachilde 1860–1953）が「脳の劇 drame cérébral」を書いたり[299]、サン＝ポル＝ルーが自身の戯曲の真の舞台は巨大な頭蓋骨の内部なのだと説明したりしていることからも[300]、彼らが脳のなかと舞台とを連結させようとしていたことが窺える。しかしながら、俳優が万人の抱くイメージと重なることは不可能である。そこでむしろ、芸術劇場や制作劇場では、俳優の存在を消し去るための方法が模索された。それが俳優の存在をぼかすという方法であり、または俳優の表現の効果を奪ってその存在感を解消するという方法である。これらを順に見ていこう。

## 2 「存在」から「存在の喚起」へ

芸術劇場が創設されるきっかけにもなったアルフレッド・ヴァレットは[301]、制作劇場を立ち上げる直前のリュニエ＝ポーが演出したメーテルランクの『ペレアスとメリザンド』の劇評において、興味深いことを述べている。

実際のところ、ここで問題になっているのは、人間であることではなく、人間的なものを喚起することなのである。そして、あれほど才能のあるムリス嬢ですら、あれほど知性に満ちたリュニエ＝ポー氏ですら、カメ嬢ですら、レモン氏（おそらくもっとも完璧だったが）ですら、まだ人間的で、具体的で、物質的すぎた。これが、ジュール・ルメートル氏やその他多くの人々が、［戯曲を］読んでいるときのほうがずっと強度のある印象を受けた所以である[302]。

ヴァレットは、多くの象徴主義者たちと同じく俳優の「人間的で、具体的で、物質的」な特徴を否定している。彼がより強度を感じるのは、むしろ物質性の介在しない「読書」である。注目したいのは、彼がここで「問題になっているのは、人間である être humain ことではなく、人間的なものを喚起すること suggérer l'humain」だと断言していることである。つまりヴァレットにとって、俳優の役割は存在することではなく存在を喚起することにあるのである。それを実現するためにはどのような方法が考えられるだろうか。

このことを考えるのにもっとも示唆的なのが、一八九一年三月に芸術劇場で上演されたピエール・キヤールの

『両手を切られた少女 *La Fille aux mains coupées*』である。この上演では、フットライトのすぐ後ろにモスリンの紗幕が張られ、観客は俳優をぼんやりとしか見ることができなかった。紗幕と数枚の布だけから舞台を構成する方法は、以後芸術劇場や制作劇場の定番の舞台づくりになっていくのだが、これは俳優の物質的な存在感を奪うためには非常に効果的な方法である。この上演を見たジョルジュ・ボナムールは、この上演における俳優の印象を金の背景に浮かんだ「青白いシルエット la silhouette pâle」と描写している。そしてこうすることで、中世の雰囲気を漂わせているこの劇に対する「非常に深く、非常に甘美な印象を保つことができた」と書いている[303]。この「シルエット」としての存在感は、俳優の通常の存在感をいわば脱臼した結果として得られるものであり、存在の喚起について具体的な示唆を与えてくれる。このように紗幕を用いた演出が、クロード・レジによって現代演劇に美しい舞台をもたらしていることも言い添えておこう。

また、キヤールの舞台が興味深いのは、それが「朗誦者 une récitante」を置いたことにもある。実際の上演では、この朗誦者は長いチュニックを着てカーテンの手まえに位置していたようである。これは劇と俳優のあいだに距離を生み出す手法であり、観客の同化を促すような臨場感をもって劇を表象するという立場から距離を置いたという点で、非常に重要な変化である。カーテンのなかの俳優たちが、みずからの存在を喚起するように示しているのに対し、カーテンのまえの朗誦者は、劇の外にいながら、自分とは別の存在を言葉どおり喚起しているのである。キヤールのこの舞台に続くような上演がこの当時に出なかったのは残念だが、このように語り手を舞台の端に置く手法は、ベケットの後期の演劇作品にも見られるものであり、そもそも俳優を登場人物ではなく語り手にするという考え方自体が二十世紀においても非常に刺激的な舞台を生んできた[304]。俳優が劇から一定の距離をとることは、時に演劇性の源泉となっているのである。

## 3 夢遊病のような演技――「型」の素描

それでは、演技自体の変化を見てみたい。制作劇場の演技の特徴として知られていたのが、夢遊病のような演技である。これは、その上演がしばしば薄明かりのなかでおこなわれ、数人の俳優たちが単調で極端にゆっくりとした動作と話し方をしていたことに起因している。すでにキヤールの『両手を切られた少女』においても俳優は単調にゆっくり喋り、ものものしい動きをしていたようだが、このような夢遊病者を思わせる演技は、おもにメーテルランクの上演を通じて生まれていった。長らくフランスで唯一の象徴主義演劇についての研究書だった『演劇における象徴主義』（一九五七年）を著したジャック・ロビシェは、世紀末の演劇人たちが、メーテルランクを演じるのに自然な台詞まわしでは合わないと気づいていたことを指摘し[305]、「作品の神秘が演技も神秘的であることを課していた[306]」と述べている。とはいえ、当時の批評家たちはこのような演技を「神秘的」というよりも「難解な obscur」ものとして捉えたようであり、それはしばしば批判――あるいは苦情の対象となっていた。

しかしながら、これも当時の大仰な演技から脱却するためには必要なことであり、やはり俳優の消失という理想に基づいたものだと解釈することができる。マラルメ研究家のハスケル・ブロックは、リュニエ＝ポーのこのような演出に対する、マラルメの舞台の脱演劇化の理念の影響を指摘している[307]。当時商品と化していた「演劇」とは別の道を切り拓くためには、俳優の表現をいったん奪ってしまう必要があったのである。実際、極端に動きと話し方を制限されることにより、俳優にとって「演劇的」な表現をすることはほとんど不可能になる。この傾向が極端にされたときには、「舞台の上が見えない」、「俳優の声が聞こえない」などという滑稽とも言える批評が相次いだほどである。これは、紗幕を使わずに俳優の存在をぼかす方策であったとも言える。こうして俳優の生き生きとした存在感は薄れ、俳優は絵や彫刻を思わせるものになる。しかしこれは、アントワーヌが「人間」にした「聖なる怪物」という影像を舞台上に回帰させたというわけではない。むしろ、俳優の非日常的な存在感をつよめることで、アントワーヌの示した道筋を極限にまで推し進めているのである。

また、この夢遊病のような演技において、俳優が劇的なポーズを決めて静止しているのではなく、ゆっくりではあるが絶えず動きつづけている点も注目に値する。マリー・フライシャーは、演劇に用いられる場合には通常中断をつくり出すダンスが、象徴主義においてはむしろ情動の絶え間ない動きの状態を表現する手段になっていると述べている(308)。それと関連づけて、モダンダンスの担い手たちが模索していたのが、動きが言語の代わりになるのではなく心的な状態を啓示するものになるようなパフォーマンスであったことが説明されているが、リュニエ゠ポーが試みようとしていた演技も、このような観点から理解するべきではないだろうか。というのも、ごくゆっくりとした動きはむしろ見る側の集中力を高め、内側で動いているものへと耳を澄ますことを促すことがあるからである。また、ゆっくりとしていながら決して止まらないことによって、彼らの演技はかえって持続性を強調していたのではないかとも想像できる。ジャック・ロビシェが当時の俳優たちにインタビューしたところによると、リュニエ゠ポーはこのような演技を必ずしも全員にさせたわけではないようだが、舞台上の俳優たちが皆この独特の演技をしていれば、より大きな印象を残していたのかもしれない。少なくとも、持続の印象を与えようとする場合には、全員で「夢遊病者になる」ほうが効果的だったのは確かだろう。

ここで、この夢遊病のような演技がひとつの様式であり、「型」になっていることを指摘しておきたい。「型」は、演者の意識の問題と密接に関わるからである。俳優の詩人に対する絶対服従を説いていたシャルル・モリスは、別の記事で、「演者の気まぐれが入りこむような偶然にまかせた効果はまったくなしに」演技をおこなうことが重要であると主張している(309)。ある様式に従うことは、まさに「演者の気まぐれ」が入りこむ余地を失くすためのひとつの方法ではないだろうか。「型」を保つことに注意を向けていると、演技に集中すればするだけ他の部分に意識をやることはむずかしくなる。これは、ある意味では意識を研ぎ澄ませることで逆に余分な意識を削ぎ、無意識の入りこんでくる「隙」をつくることだとも言える。これは、第2章でアントワーヌの演劇論から抽出した、見えるものに極端にこだわった結果として見えないものの次元が期せずしておとずれるという構図と似通っている。どちらの方向性であれ、無意識を劇に導入しようとするときこのように「待つ」ことは不可欠になる。むしろ、「待つ」ことこそ劇の中心をなすのであり、メーテルランクの表現を思い起こすなら、「崇高な登場人物」のための「空席」をつくり呼びかけることが劇という儀式の核心をなすようになると考えられるのである。

舞台が、すでにできた劇を見せる場ではなく、劇のおとずれを「待つ」場であるという捉え方は、実はマラルメにも見られるものである。中畑寛之は、マラルメの詩学について以下のような解釈を提示している。

舞台、すなわち演劇そのものは、戯曲よりも詩篇によってこそ、実現されなければならないのである。のちに、この方向がさらに尖鋭化され、舞台は詩句に先立って存在するものではなく、詩句によって現れる〈場〉として思考されるようになるであろう。［……］舞台とは、ふつう考えられているように、あらかじめ用意され、すでに現前しているものではなく、それはつねに事後的にしか名指し得ないものなのである。(310)

舞台が「あらかじめ用意され、すでに現前しているもの」ではなくなるとき、俳優の身体がその受け手となるのであり、世紀転換期に身体が注目されるのは、こうした意味合いにおいてなのである。リュニエ＝ポーの場合、俳優としての効果をなすもの、存在感をつくると思われていたものをすべて廃して生きている印象をなくすことにより、そこにあらたな存在を呼びこむことが夢遊病のような演技の核心にあるのである。

## 4　媒体としての俳優

そして、マラルメが舞台化を目指した作品に取りかかろうとしていたときに、その詩学のひとつめの転機を迎えていることは非常に示唆的である。ここでマラルメの詩学を媒介にして、認知の内面化が俳優のあり方についてもたらす変化について考えてみよう。中畑氏によれば、マラルメは一八六四年、友人たちに「エロディアード」の執筆開始を知らせると同時に、それが「きわめてあたらしい詩法から必然的に湧きでるにちがいないひとつの言語をつくり出すことになる」と書き記している。そしてそのあらたな詩法は、「事物ではなく、事物が産みだす効果を描くこと」にある。[311] これは、認知が内面化することによって、劇がある心理や認識を引き起こしているできごとや外的要因を示すのではなく、むしろその心理や認識の瞬間——それがどのように人間に働きかけるか、その「効果」を見せることになったという第3章で抽出した劇の変容と共通している。ただし、これを表現するためには、俳優は舞台よりも先にその真理や認識を担う場となることが必要なのである。そして、そのとき示される「効果」によって、舞台という場がつくられることになる。このとき、この場が生まれる過程そのものが劇的瞬間であり、劇そのものになっていくのである。マラルメが舞踊を紋章的な表現として捉えていたことはすでにふれたが、マラルメはハムレットに理想の俳優像を重ねるとき、ハムレットにもまたこの「紋章的」という形容詞を冠して、劇を「紋章であるハムレットが発散する雰囲気[312]」と書いている。ある影響を受けることによって「紋章」となり、そこから発する雰囲気があらたな演劇性になっていくのである。

こう考えると、マリー・フライシャーが、象徴主義とモダンダンスの関連を探りながら、象徴主義において芸術は「象徴的手段によって隠れた芸術を喚起すること」であり、このとき芸術家は、「演技者 interpreter」というよりも「媒体 medium」となると言っている。[313] これはまさに俳優に当てはまることではないだろうか。そして媒体であれば、存在感が邪魔になるのも当然である。よき媒体であるためには、できるだけ透明でなければならないからである。

そして、ここでフライシャーの指摘を引用したのは、この“medium”という語の「霊媒」という意味にも注目するためである。彼女は特にこの意味を取りあげているわけではないが、夢遊病者のようにぶつぶつと不明瞭な言葉をつぶやきながらゆっくりと舞台を動く俳優たちは、まさにある種のトランス状態に陥って我々にヴィジョンを媒介してくれる霊媒の姿を思わせる。このことは、象徴主義者たちが精神状態や幻覚といった内面のできごとを共有しようとしていたことによっても裏づけることができるだろう。ラシルド夫人は、みずからの戯曲『死の夫人』について以下のように語っている。

> 劇のはじめの数シーンは、人生におけるどこかで起こっている。しかし、第二幕は完全に夢のなかで、いまわの際に、ある男の脳のなかで起こっている。そして、この断末魔が夾竹桃という幻覚効果のある毒によって引き起こされていることから、わたしはある種の幻覚をふれられるようにしようとしたのである。その幻覚とはつまり、生と死が互いに競い合って、時にはからだを、時にはこの神経症者の精神を奪おうとする争いである。[314]

ここで、ラシルド夫人が「ある種の幻覚をふれられるようにしようとした」と書いていることは興味深い。舞台を通じてある男の脳を見せ、幻覚に「ふれられそうな palpable」ほどの現実感を与えることがこの作品の目的となっているのである。また、ピエール・ヴァラン（Pierre Valin）は、象徴主義の演劇と詩の違いを明らかにしながらつぎのように述べている。

まとめるなら、演劇における象徴主義とは、詩における象徴主義とは完全に似ているわけではない。というのも、後者が普遍性を目ざすのに対し、前者は強度を目ざすからである。自然の法則からはみ出すことなく、完全に自然の秩序にとどまったまま、性格とできごとのあらゆる精髄を劇作品のなかに閉じこめなければならない。〔……〕劇作品に舞台装置、できごと、感情、言葉、類型といったすべてのものを、主役俳優の精神状態にもっとも呼応した感覚を観客が得られるように調和させなければならない。(315)

ヴァランにとって演劇とは、「性格とできごとのあらゆる精髄」が閉じこめられた、強度をもったものである。そして、そのような「精髄」は、演劇を構成する複数の要素の調和によって集約し、ある種の精神状態を生み出す。ここで強調したいのは、そうした調和が働きかけることにより、観客が「主役俳優の精神状態にもっとも呼応した感覚」を感じると考えられていることである。この調和がまず俳優に働きかけていることを思うと、これはアントワーヌの考える「俳優」と「環境」の関係とも共通するところがあるが、俳優の精神状態が、舞台の他の要素の助けを借りてとはいえ、観客の感覚をも巻きこむようなものとされていることは非常に興味深い。俳優が媒体あるいは霊媒となって舞台上に立つとき、その存在から放射される雰囲気が、観客の内的感覚に働きかけるあらたな演劇性となる可能性を示しているからである。二十世紀初頭の俳優訓練において、特にからだのつくり方という点で重要な道を切り拓いたメイエルホリドが、「観客をまえに役者が自分の心を開示できるように助けてやること、これが演劇の唯一の使命である」という、ロシアではじめて象徴主義の戯曲を書いたワレリー・ブリューソフの言葉をその活動の基盤としていたことは、(316)このようなあらたな演劇性が現れてきたことの反映だと考えられるのである。

このように独自の存在感をもち、知覚する側にも独特の身体性を要請するような俳優像は、ジャン＝リュック・ナンシーが『ノリ・メ・タンゲレ（私にふれるな）』という著作を通して示そうとしているキリストの復活した身体とも共通する。そもそもこの著作は、「ふれられるけれども、ふれてはならない」[317]という状況を考察している点で、ふれられるほど近くにありながらけっしてふれられない俳優の存在感を考えるうえで貴重な示唆を与えてくれるものである。この文脈で強調したいのは、ナンシーがこの身体の表象を「特異な生、あるいは実存としての真理の実際的な提示」と捉えている点である。そしてナンシーは、生を通じて「真理」が示されるとき、「ロゴス〔論理的表現〕はもはやフィギュール〔形象〕あるいはイマージュ〔像。物質と表象のあいだにあるもの〕と区別できなくなる」と書く[318]。これは、ジャック・ランシエールが、無意識の思想が登場して以来の芸術の根本的な変化を浮き彫りにする過程で、古代ギリシアにおいてミュトス（神話、虚構の物語による比喩的、あるいは直観的な表現）が思想を説明するのではなく、それ自体として思想であったことを指摘している部分[319]と呼応させて読むと興味深い。イマージュと区別できなくなったロゴスは限りなくミュトスに近づき、思想そのものとなるミュトスはロゴスに近づいていく。科学と芸術が相互に影響しあっていた十九世紀末の思潮において、この交差はその意義を考えるための重要な糸口になるのではないだろうか。また、ランシエールがあらたな芸術を考えるために引き合いに出してくるミュトスのあり方は、俳優の芸術を「演技」から「表現」への移行として捉えるためにも参照することができるだろう。つまり、「演技」とはもともとある役柄を演じることであり、これは、ミュトスをある思想を伝えるための物語とする考え方と対応する。つまり俳優は、ある劇をミメーシス（模倣）によって見せるための表現手段である。それに対し、「表現」は、ミュトス自体が思想であるという考え方と呼応して捉えることができる[320]。つまり、俳優の存在そのものが演劇性の源となるのである。俳優は、意識的な表現を奪われるものの、むしろその存在は劇をつくり出す中心的な動力となっていくのである。

# 結　び

科学と芸術が交錯するようにして人間の生の姿を捉え直そうとしていた十九世紀末、演劇は他の芸術と同様に大きな岐路に立たされていた。本書では、目には見えず、自分でも認識できないことが我々の生を大きく規定していることに対する驚きがそのまま舞台に上げられようとするとき、劇というジャンルがいかに揺るがされるかを観察してきた。まず、生への関心を軸として十九世紀末の文学論や演劇論を読みながら、「ドラマの危機」と言われる現象が、より深く見ていくと認知の内面化の症状になっていることを示した。そこで重要なのは、この「内面」が整然とした心理描写として転写できるようなものではなく、本人にも把捉できない魂の動きであるということであった。このために、認知の内面化が劇の中身の変容にとどまらず、その構造自体を大きく揺るがすものになる。なぜなら、すでに整理され記述された結果としての内面を見せるのではなく、ある認識が変化を促していく過程を見せることが必要になるからである。

　こうして登場人物と俳優の境界は曖昧になり、現代演劇やコンテンポラリーダンスにおいて非常に重要になる「俳優に起こっていることを目撃する」という考え方が現れてくることになる。しかしながら、当時の演劇で大きな位置を占めていたのは、カリスマ的な個性を前面に押し出して人気を博していたスター俳優たちであった。自意識やつくられた個性をつよく感じさせるこれらの俳優は、生への驚きをできるだけ生《き》のままに表そうとしていた当時の演劇人たちからは忌避されることになる。求められていたのは、無意識への感受性をもち、それを観客にそのまま感じさせられるような俳優だったからである。

　このとき、無意識へとアクセスしていくための模索の過程で現れてきたのが俳優訓練術の可能性である。十九世紀末に実際に体系的な訓練法が確立するまでには至らなかったが、彼らの模索のなかに見えた「脱力」と「型」という二つの方針は、二十世紀に大きく発展する俳優訓練法の根本的な考え方の指標となるものである。脱力とは無意識の状態を意識的につくるものであり、型は意識的なものを導入することによって余分な意識を削ごうとするものである。これは、無意識を獲得するという逆説に対して非常に有効な手段となった。こうして無意識の受け手となることにより、俳優の存在そのものがマラルメにおいて「紋章」と言われるような記号となり、そこから発せられる雰囲気によって劇という場の強度がつくられるというふうに、演劇性そのものが刷新されることになった。

自己の存在を規定さえするような決定的な次元が意識的な自我によっては把握できないという事態は、捉えようによっては悲劇だが、演劇においては身体への働きかけと結びつくことでむしろ自由でゆたかな試みへと結びついていった。無意識の探究によって自己の喪失を経験するわけではなく、むしろ意識的な自我を取り去ったあとの「個」が立ち現れてくるからである。このような無意識を経過したあとでの自己への還帰という現象は、クロード・レジやオリヴィエ・ピイらの演劇に代表されるような昨今の言語への回帰の現象を考えるためにも興味深い。それは単なるテクスト回帰ではなく、からだの探求を経たあとの、テクストとのあらたな出会いだからである。

そして、この時期に身体が注目されたのは、身体の二重性ゆえだと考えられる。つまり、身体は自己意識から独立した一個の物体でもあり、同時に自己意識と不可分でもあるからである。身体的であることと内的であることは矛盾しないのである。からだは、主客の厳密な区別に固執していてはうまく捉えられないことを、その存在ひとつで示す可能性をもっている。マラルメが「言葉にすることがそのままつくり出すことを意味する」ような「唯一あるいは純粋な芸術(321)」として舞踊を特権視していたのも、からだのこのような特性によるものだと考えられる。

そして二十世紀の俳優訓練術は、まさにこのような身体の二重性を生かし、どちらにも働きかけるようにして形成されていく。つまり、即興や仮面をもちいることによって無意識へと働きかけることと、舞踏や武道をもとにした体系的な身体鍛錬をおこなうことが同時になされた。前者がからだの直観を通じて無意識へとアプローチする方法であるとすれば、後者は、訓練によってからだがひとりでに動くようになることで、からだの一部が意識から自立したオブジェのように感じられる方向性——身体と意識を極限まで沿わせることでそれを乖離させる方法である。

このような、物質と意識が両極端で出会う場としての身体こそ、十九世紀末の演劇に関わった人々が望んでいたものではないだろうか。しかし、このときにはまだダンサーのための訓練に比べうるような俳優訓練術がなかったために、準備されていなかった俳優のからだは表現のさまたげとして否定されてしまったのである。彼らが舞踊の身体や人形の身体を介して夢想していた無意識の劇は、実はその後の俳優のためのボディワークを通じてつくられたからだにこそ宿るものだった。現在の演劇の状況をふまえたうえで振り返ると、彼らの演劇論は、俳優のからだを「つくる」という考えの嚆矢として読み解けるのである。

# あとがき

この本は、京都大学大学院文学研究科に提出した博士論文「無意識へのアプローチとしてのボディワーク――十九世紀末フランスにおける俳優訓練術の萌芽」をもとにしたものである。はじめて論文というものを書いてから、すでに十年以上の月日が流れている。そのなかで、自分なりにさまざまな思索をめぐらせてきたつもりだが、それは、文学について、演劇について「書く」とはどのようなことなのだろうかという模索と背中あわせの作業だった。そうした模索を経てようやく、はじめに「なにかを考えたい」という衝動をくれたもの、自分の興味の中心が少しずつ具体的な姿を現してきた。それを、まだまだあらけずりながら、できるかぎり形にしたものが本書である。この意味で、この本はここまでの研究の到達点であり、同時に、研究の出発点だとも言えるのかもしれない。

わたしは、二十世紀の劇作家サミュエル・ベケットの研究から出発し、つぎに現代演劇へと目を移して二十世紀末から二十一世紀の演劇作品や理論にとりくんだ。その後になってようやく、本書の中心をなす十九世紀末の演劇論へと足を踏みいれた。ずいぶんと遠まわりしたようだが、自分が思考したいことについて考えていくうえで、必要な迂回だったと思う。そして、そうした迂回を経て考えてきたことをこうしてひとつの形にした今、これからの道のりもより明確に見えてきた。

まずは、本書の内容をもとに、象徴主義の劇作品のより具体的な分析、とりわけ本書でもふれた「脳のドラマ」の可能性について考えていきたいと思う。「脳の小説」についての研究は、フランスでは最近になって少しずつおこなわれてきているが、演劇の分野では未だ研究は手つかずである。今回中心的に扱った芸術劇場や制作劇場とは距離があったので詳しくとりあげなかったが、サン＝ポル＝ルーの作品は、脳のドラマを研究するうえで非常に重要である。その作品には、本書で扱ったような人間の生をより直接的に劇にしたいという思いが明確に刻まれているからである。そして彼の作品は、きわめて直接的なラシルド夫人の脳のドラマに対し、より現代的な意味での脳のドラマを展開しているという意味でも興味深い。これは、筆者が研究のはじめに興味をもったベケットの劇作術ともつらなっていく部分である。また、脳のドラマと関連して、神経生理学や精神分析学の成立と演劇との関わりについてもより詳細に研究していきたい。このためには、詩と精神分析学との関連を分析した当時の著作が足がかりになるだろう。

さらに、マリオネット劇と演劇との関わりや、舞踊論についてもさらに研究を進め、二十世紀の俳優訓練術におけるボディワークの重要性との関連を明確にしていきたい。これについては、現在愛媛大学でおこなっている授業との関連も深く、学生たちの授業に対する新鮮な反応からも刺激をもらっている。

研究の対象がつぎつぎ移り変わったことについて、今となってはそこから得た部分も大きいと思えるが、そうは言っても、そのことに対して不安がなかったわけではない。そのときに道しるべになったのが、観劇とボディワークの体験であったことは、すでに「はじめに」で記した。

そして、研究、演劇、ボディワークのそれぞれと自分なりの関係をつくっていくなかで経てきた多くの人との出会いこそ、わたしのこれまでの思考を培ってくれたと、こうして本書が仕上がるにあたってあらためて思う。

まずなにより、自由な研究の場を提供しつづけてくださった京都大学フランス語学フランス文学研究室の先生方に感謝したい。あちこちに飛んでいきそうになるわたしの研究をあたたかく見守ってくださる先生方がおられたからこそ、自由に研究を展開させ、ひとつの形にすることができたことは疑いない。

博士論文の主査を務めてくださった京都大学人文科学研究所の大浦康介先生には、わたしがドイツ語を第二外国語として選択していたために、フランス語を知らないままフランス文学研究室に入ったころからお世話になっている。フランス語を学びはじめたころに先生に出会えたのは幸運だった。大浦先生の卓越した言語感覚には今でもあこがれているが、それが外国語の習得の最初のイメージになったことで学び方が変わったと思うからである。それだけでなく、思想と文学、俯瞰的な視点ときめこまやかな視点とを自由に行き来する自在な思考、さまざまなものに向けられたアンテナ……そうしたものにも大きな影響を受けた。わたし自身も授業をするようになって、ますます先生からいただいたものの大きさを実感している。

そしてもちろん、博士論文の執筆に際しても、感謝しきれないほどのご恩を受けた。序章をお渡ししたときはかなり緊張したが、「おもしろかった！」という言葉をいただき、その後の執筆の大きな励みになった。その後も、まるでスポーツのコーチのように適確であたたかい励ましをいただいた。お忙しいなか、多くの時間を割いてくださったことにここであらためて感謝したい。厳しい冷えこみのなか、一ページずつページをめくりながら、二日間にわたってコメントをいただいたことは忘れられない記憶になっている。そのときに、あるいは博士論文の審査のときにいただいたコメントは非常に本質的なもので、自分の思考の癖についても考えさせられ、今後の研究の道しるべになっていくことはまちがいない。

そして、同じく博士論文の審査をしてくださった永盛克也先生にも、研究を続けていくうえでひとかたならぬお世話になった。大学院に入ったわたしに論文の書き方について丁寧に指導してくださったのも永盛先生だった。

そして、修士論文のころから、まだまとまらない考えにも頻繁に耳をかたむけてくださったことにも本当に感謝している。演劇の実践の場とも関わりながら研究をしたいという思いも応援しつづけてくださったことも非常にありがたかった。現代演劇の研究をしていたときには、これまでにあまりないテーマであることから反対を受けたりもしたが、永盛先生が、論理が明確かどうかで評価してくださったことも、研究を続けていく大きな支えになった。現在でもなにかを書くときに、こんなふうに理論を展開したら、明確な論理を大切にされる永盛先生はどのような顔をされるだろうか……と考えることがひとつの基準になっている。

わたしが体調をくずし、研究をあきらめようと思っていたときに、吉田山の山頂にある茂庵という戸建てのカフェにゆったり食事に連れていってくださったことも、今思い出しても心にしみいる。それも、わたしがそのころたよっていた大学外の友人もいっしょに招待してくださったのである。言葉を重ねるよりもむしろ態度であたたかい励ましを示してくださったことが、そのときのわたしには大きな励みになり、わたしもそんなふうに人に関われるようになりたいと思ったものだった。博士論文の審査の場では、プレゼンテーションの見本のような美しいコメントをいただき、最後に餞として授業をしていただいたような気持ちになった。

増田真先生にも、博士論文の審査をしていただき、非常にきめこまやかなご指摘をいただいた。短時間にびっしりと付箋のついた論文を返してくださり、訳文についてのご指摘の質問に伺ったときにも、とても丁寧に教えてくださった。早くに留学してしまい、博士課程のほとんどをパリで過ごしたわたしにとって、こうした機会はとても貴重なものであった。また、主観的な立場にかたよりがちなわたしに対して、歴史的視点や位置づけの重要さをつねに説いてくださったのも増田先生だった。

博士論文の審査をしてくださった先生方のみならず、研究をつづけていくうえでは多くの先生方にお世話になった。同じく京都大学フランス語学フランス文学研究室の田口紀子先生にも、やはり学部のころからさまざまな形でアドバイスをいただいている。また、吉川一義先生は、京都にいらしたのがわたしが留学しているあいだであったものの、パリでの食事会に招いていくださったり、学会発表をするときにはあたたかくお声をかけてくださったりと、いろいろと力になってくださった。大阪大学の永田靖先生にも、ちょうどこの十九世紀末の研究をはじめたころに近現代演劇研究会での発表の機会をいただいた。そのときのするどいご指摘は、まだまだそのすべてを反映できていないものの、その後の研究を進めていくうえで重要な指標となっている。

そして、研究室の先輩方にいただいたアドバイスにも、心から感謝している。より身近な立場からの言葉にはまたちがう刺激を受け、折にふれて思いかえしてきたものも少なくない。博士論文を執筆しているあいだは、むしろ研究室の後輩たちと話す機会が多かったが、その会話からもいつも新鮮な刺激をもらった。

また、パリで出会った同じく演劇学を専攻する友人とは、まったく同時期に博士論文を執筆することになり、そのおかげで大変な執筆生活も楽しく過ごせたと思う。

そして、研究を続け、この本をこうして仕上げられたのは、アシュタンガヨガとの出会いが大きかった。実はこの研究をはじめたのも、ヨガという身体技法とコンテンポラリーダンスのあいだに共通点を見いだしたことがきっかけだった。ダンスを通じて自分のからだと出会ったのだとすれば、じっくりつきあうようになったのはヨガを通じてだと思う。ヨガというと、身体的には柔軟性を養うものだと考えられがちだが、わたしがヨガから得たのはむしろ柔軟性と筋力のバランスの重要性だった。柔軟性ばかりが先立ち、自分のからだを支える筋肉をうまくつかえなかったわたしは、このバランスがその人の人生の歩み方を象徴するという考え方があることを知り、苦笑しながらも納得したものだった。つぎつぎに興味の方向を移し、いろいろなことを受け入れる柔軟性はありながら、それを収斂していく決定力に欠けたわたしのそれまでのあり方が、わたしの身体性と見事に一致しているように思えたからである。そして、ヨガを通じてからだが変わっていく過程で、それまで意識的に変えようとしてもなかなか変えられなかった考え方や行動の癖も変化していったのは興味深かった。これは、「はじめに」に書いたような、わかったつもりになっていることと、体感してわかることの違いをよく象徴していると思う。バランスが重要であるということはそれ以前から頭ではわかっていたが、毎日のヨガの練習のなかで、このバランスが欠けていることによって苦労し、なんとかそのバランスをとっていこうとする体験を通して、ようやく実際に理解しはじめたのである。

そんなふうに練習ができたのは、Birdy yoga studio ののだゆみ先生のおかげである。ゆみ先生は、毎日練習を見てくださり、いつもとてもぴったりしたタイミングでアドバイスしてくださった。言葉だけではなく、そのまなざしの存在感もとても大きなもので、視線に支えられ、教えられるということについても学ばせていただいたと思う。チャーミングな先生と笑い合う時間はまた、執筆中の楽しみだった。そして、そんなふうに話しているときに、研究の詳しいテーマについてはお話ししていなかったのにもかかわらず、この本の大きなテーマとなっている見えない生に結びつくような話が出たときもあった。その偶然には、驚くとともに、先生とのつながりの深さを感じてうれしくなったものだった。早朝から激しく汗を流し、支度をしながらお喋りをするヨガ仲間の存在もあたたかい支えだった。博士課程にいるあいだ、あるいは博士論文を書いているあいだというのは孤独であることが多いのではないかと思うのだが、早朝のこの時間があるおかげで、楽しく過ごせた。

なお、本書の刊行にあたっては、京都大学平成二十六年度総長裁量経費から助成を受けた。この支援のおかげで、自分でも思いがけないほど早くにこの研究を本にすることができた。関係者のみなさまに、深い感謝の意を表したい。

また、本書の内容は、書きおろしも多いが、次の論文を大幅に加筆・修正し、構成しなおしたものである。

「メーテルランクの一幕劇における『生の劇』の可能性――受動的感嘆が〈劇〉になるとき」、『仏文研究』、京都大学フランス語学フランス文学研究会、第三八号、一五―三四頁、二〇〇七年。

「フランスにおける俳優訓練術の萌芽――自然主義演劇理論をめぐって」、『近現代演劇研究』、近現代演劇研究会、第三号、三〇―四〇頁、二〇一一年。

「19世紀末演劇論における役者の表現への両義的態度――身体の演劇性」、『フランス語フランス文学研究』、日本フランス語フランス文学会、第九九号、一九五―二一〇頁、二〇一一年。

« Jean Jullien et *Art et Critique* : naturalisme et symbolisme dans la théorie théâtrale du fin-de-siècle », *Études de Langue et Littérature Françaises*, n° 103, pp. 43-60, 2013.

そして、このあとがきをとじるにあたって、本書の出版にあたり多大なお世話になった世界思想社の川瀬あやなさんに心からの感謝を伝えたい。同じフランス語学フランス文学研究室で勉強した川瀬さんといっしょに仕事をすることができたことをうれしく思う。

最後に、長いあいだ研究をつづけることを応援してくれた両親に、深く深く感謝したい。この本の校正中、両親から、わたしの保育園のときの夢が「本を書く人になりたい」というものだったと聞いた。すっかり忘れていたが、こうして本を出すことができたのは、ひとえに両親のあたたかい支えによるものである。

二〇一五年一月五日　　あたらしい町、松山にてのはフロイトだが，メーテルランクやショーペンハウアーに依拠している点で，この著作は本書にとっても重要である。また，ランシエールが芸術の変化を「表象的体制」から「美学的体制」への移行と捉えていることも興味深い。本書との精密な関連性については稿を改めて検討したい。

(320) ここではミメーシスを便宜上「模倣」という語によって説明したが，フランスでは，芸術や思想におけるこのような変化を受けて，このミメーシスという語の訳を，従来の「模倣 imitation」ではなく，「上演，再現 représentation」，さらには「提示 présentation」としようとする動きがあることをここに言い添えておく。

## ■結　び

(321) Stéphane Mallarmé, « Crayonné au théâtre », in *Divagations* [1897], édité avec *Igitur. Un coup de dés*, nouvelle édition présentée, établie et annotée par Bertrand Marchal, Paris, Gallimard, "Poésie", 2003, p. 189.

きなきっかけになったと述べている（Paul Fort, *op. cit.*, p. 11）。

(302) Alfred Vallette, « *Pelléas et Mélisande* et la critique officielle », *Mercure de France*, juillet 1893.

(303) George Bonnamour, « Théâtres - Théâtre d'Art », *La Revue indépendante*, avril 1891.

(304) 語り手としての俳優を上演に取り入れた演出家としては，ピーター・ブルックがまず浮かぶ。ブルックは，『マハーバーラタ』のような叙事詩を上演してきており，2004年にドストエフスキーの『カラマーゾフの兄弟』のなかの「大審問官」を演出した際も，それを複数の登場人物によって劇にするのではなく，ひとりの俳優による語りや身ぶりによって物語が伝えられるという形をとった。また，1999年にキャン・センバの小説をもとに『ザ・スーツ』を上演したときも，やはりこの語りの手法がとられている。

(305) Jacques Robichez, *Le Symbolisme au théâtre* [1957], Paris, L'Arche, 1972, p. 123.

(306) *Ibid.*, p. 141.

(307) Haskell M. Block, *Mallarmé and the Symbolist Drama*, Detroit, Wayne State University Press, 1963, p. 105.

(308) Mary Fleischer, *Embodied texts. Symbolist Playwright-Dancer Collaborations*, Amsterdam and New York, Rodopi, 2007, pp. 10–11.

(309) Charles Morice, « La vraie tradition », *Le Figaro*, 2 août 1893.

(310) 中畑寛之,「私はここでその幻影を観ているのか？――マラルメの『エロディアード』上演をめざして」,『大阪音楽大学研究紀要』, 46号, 2007年, p. 61。

(311) 同論文, p. 59。

(312) Stéphane Mallarmé, « Hamlet », in *Divagations* [1897], édité avec *Igitur. Un coup de dés*, nouvelle édition présentée, établie et annotée par Bertrand Marchal, Paris, Gallimard, "Poésie", 2003, p. 197.

(313) Mary Fleischer, *op. cit.*, p. 7.

(314) Rachilde, « Sur *Madame la Mort* », *Théâtre d'Art*, 20 mars 1891.

(315) Pierre Valin, « Le symbole au théâtre », *L'Ermitage*, janvier 1892.

(316) エドワード・ブローン,『メイエルホリド――演劇の革命』[1995], 浦雅春・伊藤愉訳, 東京, 水声社, 2008年, p. 55。ブリューソフのこの言葉は1902年のものである。

(317) Jean-Luc Nancy, *Noli me tangere. Essai sur la levée du corps*, Paris, Bayard, 2003, p. 28.

(318) *Ibid.*, pp. 8–9.

(319) Jacques Rancière, *L'inconscient esthétique*, Paris, Galilée, "La philosophie en effet", 2001, p. 27. ランシエールが「無意識の思想」というときに射程に置いている

*documentaire*, Paris, Mercure de France, 1909, p. 166.

(286) André Antoine, art. cit., p. 610.

(287) André Antoine, *Le Théâtre Libre*, brochure du Théâtre, mai 1890.

(288) André Antoine, « Lettre d'Antoine sur le rôle du comédien » [1893], in Adolphe Thalasso, *op. cit.*, p. 174.

(289) 体系的なものとしては，フェルデンクライス・メソッドが挙げられる。これは，からだの重みを感じることにより深い脱力を促し，完全に脱力したからだから自発的に生まれてきた動きを発見するようにして体験していく方法である。また，ゲーム的なものとしてよく用いられるのは「海藻」をイメージしたもので，ひとりが脱力して立ち，数人がそれをつついたり押したりするのに対し，足の位置は動かさないままそれを受け流すというものである。より短いものとしては，立位の前屈の状態で力をぬき，そこから余分な力を使わずに背骨をひとつひとつ立てるようにして起き上がってくる「ロールアップ」などもよく用いられる方法である。

(290) 表現のよき受け手となるようにからだの素地をつくるという考え方は，アントワーヌから時代的にもっとも近いところでは，スタニスラフスキの「創造的状態」の探求において実践的に展開していった。

(291) André Antoine, art. cit., p. 605.

(292) *Ibid.*, p. 597.

(293) *Ibid.*, p. 608.

(294) Mireille Losco-Lena, *La Scène symboliste (1890–1896). Pour un théâtre spectral*, Éditions littéraires et linguistiques de l'Université de Grenoble, 2010. ロスコは，「幽霊」と「スペクトル」の両方の意味を込めて象徴主義演劇を théâtre spectral と呼んでいる。象徴主義演劇についての研究書が発表されるのが，ジャック・ロビシェの著書以来実に半世紀ぶりのことであるという意味でも，この著作の意義は大きい。

(295) Charles Morice, « À propos du Théâtre d'Art », *Mercure de France*, mars 1893.

(296) Paul Fort, *Mes mémoires. Toute la vie d'un poète 1872–1943*, Paris, Flammarion, 1944, p. 29.

(297) ランボーの「酔いどれ船」の朗読がアドルフ・レッテにまかされていたのはすでに見たが，演出がリュニエ＝ポーにまかされることも多かったようである。

(298) *Ibid.*, pp. 33–37. 第１章も参照のこと。

(299) ラシルド夫人の『死の夫人 *Madame la Mort*』は，脳の劇とも題され，その第２幕は登場人物の脳のなかで起こるという設定になっている。

(300) Saint-Pol-Roux, *L'Épilogue des saisons humaines* [1893], in *Monodrames. Le Tragique dans l'homme*, tome 1, Paris, Rougerie, 1983, p. 52.

(301) 第１章でふれたように，ポール・フォールは，その回想録のなかで，ヴァレットが「象徴主義に足りないのは演劇だ」と言っていたことが芸術劇場の旗揚げの大

(266) Stéphane Mallarmé, « Hamlet », in *Divagations*, éd. cit., pp. 198-199.
(267) 本章第 2 節 2 項参照。
(268) 同上。
(269) Paul Margueritte, *op. cit.*, p. 8.
(270) 本章第 2 節 4 項参照。
(271) 本章第 2 節 5 項参照。

## ■第 5 章

(272) « Lettre de Paul Fort à Antoine », publié le 9 juin 1919, in [Recueil factice d'articles de presse et de références sur Paul Fort et le Théâtre d'Art 1892-1927], consultable à la Bibliothèque nationale de France à la côte 8- RT- 3685.
(273) Paul Fort, « Autour du Théâtre d'Art », in *Encyclopédie du théâtre contemporain*, dirigée par Gilles Quéant avec la collaboration de Frédéric Towarnicki, direction artistique et réalisation de Aline Elmayan, Volume I : 1850-1914, Paris, Les Publications de France, 1957, p. 24.
(274) Jean Jullien, *Le Théâtre vivant. Essai théorique et pratique*, tome 1, Paris, Charpentier et Fasquelle, 1892, p. 34.
(275) Christophe Charle, *La Crise littéraire à l'époque du naturalisme. Roman, théâtre et politique*, Paris, Presses ENS, 1979, p. 138.
(276) Lugné-Poe, *La Parade I. Le Sot du tremplin. Souvenirs et impressions de théâtre*, Paris, Gallimard, 1931, p. 112.
(277) 第 2 章第 2 節 1 項参照。
(278) André Antoine, « Causerie sur la mise en scène », *Revue de Paris*, 1er Avril 1903, p. 597.
(279) *Ibid.*, p. 600.
(280) *Ibid.*, p. 607.
(281) 第 4 章第 1 節 3 項参照。
(282) アントワーヌはコンセルヴァトワールには不合格になっているが，非常によい俳優だったことが，当時のさまざまな劇評から窺える。リュニエ＝ポーやジャン・ジュリアンも，アントワーヌと仲違いしたあとですら，その俳優としての資質は認めつづけている。
(283) André Antoine, *"Mes souvenirs" sur le Théâtre-Libre*, Paris, Fayard, 1921, p. 183.
(284) André Antoine, art. cit., p. 610.
(285) André Antoine, « Lettre d'Antoine à Francisque Sarcey sur le jeu des foules au théâtre » [1888], in Adolphe Thalasso, *Le Théâtre Libre. Essai critique, historique et*

るマラルメの目に映るものであることを考慮すると，表現者と解釈するのが妥当だと考えられる。

(246) Mary Fleischer, *Embodied texts. Symbolist Playwright-Dancer Collaborations*, Amsterdam and New York, Rodopi, 2007, p. 304.

(247) Stéphane Mallarmé, « Crayonné au théâtre », in *Divagations*, éd. cit., p. 190.

(248) Stéphane Mallarmé, « Autre étude de danse. Les Fonds dans lc ballet d'après une indication récente », in *Divagations*, éd. cit., p. 207.

(249) *Ibid.*, p. 208.

(250) Stéphane Mallarmé, « Ballets », in *Divagations*, éd. cit., p. 201.

(251) このことは，たとえばジョルジュ・ドンが踊ったモーリス・ベジャール（Maurice Béjart 1927-2007）の「ボレロ」(1979年）を思い起こせばわかりやすいかもしれない。この作品は，バレエのテクニックで完成した身体が繰りかえし抽象的な動きをすることからも，非常に鮮烈な個性が伝えられることのよい例となっている。

(252) *Ibid.*, p. 204.

(253) 第3章第1節1項参照。

(254) 鈴木晶編著，『バレエとダンスの歴史――欧米劇場舞踊史』，東京，平凡社，2012年，p. 143。

(255) シンシア・J・ノヴァック，『コンタクト・インプロヴィゼーション――交感する身体』[1990]，立木あき子・菊池淳子訳，東京，フィルムアート社，2000年。

(256) Bernard Dort, *op. cit*, p. 25.

(257) Stéphane Mallarmé, « Le genre ou des modernes », in *Divagations*, éd. cit., p. 215.

(258) 『マラルメ全集 II 別冊 解題・註解』，東京，筑摩書房，1989年，p. 272. マラルメが評価していたロイ・フラーのパフォーマンスも，その抽象性から難解なものという印象を与えるかもしれない。しかし，彼女がもともとはミュージックホールのスカートダンスの踊り手であり，その舞踊はこのスカートダンスを発展させたものであることもあって，彼女の舞踊はむしろ大衆的な人気を博していたことを言い添えておく。

(259) Heinrich von Kleist, *Sur le théâtre de marionnettes* [1810], traduit de l'allemand par Jacques Outin, Paris, Éditions Mille et une nuits, 1993, p. 14.

(260) *Idem.*

(261) *Ibid.*, pp. 15-16.

(262) *Ibid.*, p. 20.

(263) *Ibid.*, p. 19.

(264) Stéphane Mallarmé, « Un spectacle interrompu », in *Divagations*, éd. cit., p. 93.

(265) Stéphane Mallarmé, « Ballets », in *Divagations*, éd. cit., p. 204.

なテーマが「崇高な登場人物」と呼ばれることから，ここでは「主体」と訳す。

(224) Anatole France, « Les marionnettes », in *La Vie littéraire*, 2e série, Paris, Calmann-Lévy, 1890, p. 148.

(225) Stéphane Mallarmé, « Le genre ou des modernes », in *Divagations* [1897], édité avec *Igitur. Un coup de dés*, nouvelle édition présentée, établie et annotée par Bertrand Marchal, Paris, Gallimard, "Poésie", 2003, p. 225.

(226) 本章第 1 節 4 項参照。

(227) この懇願は，マリオネットではなくモーリス・ブショールに聞き入れられ，翌年プティ・テアトルで『アブラハム』が演じられる。

(228) Anatole France, « Les marionnettes », éd. cit., p. 147.

(229) *Ibid.*, p. 148.

(230) Adrien Remacle, « Petit Théâtre - *Noël*, ou la mystère de la Nativité, en quatre tableaux, de M. Maurice Bouchor », *Art et Critique*, n° 80, 6 décembre 1890.

(231) *Art et Critique*, n° 26, 23 novembre 1889.

(232) Adrien Remacle, « Petit Théâtre », *Mercure de France*, avril 1892.

(233) Adrien Remacle, « Petit Théâtre - *Noël*, ou la mystère de la Nativité, en quatre tableaux, de M. Maurice Bouchor », art. cit.

(234) Maurice Maeterlinck, art. cit., pp. 462-463.

(235) Paul Margueritte, *Le Petit Théâtre*, Paris, Librairie illustrée, 1888, p. 8.

(236) *Idem*.

(237) ただし，メーテルランクがオランダ語を母語としていたのに対し，ゲルドロードは両親がフラーンデレン出身であるものの家庭でも教育の場でもフランス語で育てられたため，オランダ語はほとんどできなかった。

(238) *Les Entretiens d'Ostende* [1956], Toulouse, Patrice Thierry, 1992, p. 91.

(239) Jean Jullien, *Le Théâtre vivant. Essai théorique et pratique*, tome 2, Paris, Charpentier et Fasquelle, 1892, pp. 147-148.

(240) Jean Jullien, « La Danse », *L'Œuvre*, novembre 1911.

(241) Jean Jullien, *Le Théâtre vivant*, tome 1, éd. cit., p. 69.

(242) *Idem*. また，19 世紀末のパントマイムの復権と，その演劇への影響については以下の研究書が参考になる。Ariane Martinez, *La Pantomime. Théâtre en mineur. 1880-1945*, Paris, Presses Sorbonne nouvelle, 2008.

(243) Adolphe Thalasso, *op. cit.*, pp. 8-9.

(244) Stéphane Mallarmé, « Crayonné au théâtre », in *Divagations*, éd. cit., p. 190. 以下のマラルメのテクストの引用は，『マラルメ全集 II』（筑摩書房，1989 年）の渡邊守章訳を参照しながら筆者が翻訳したものである。

(245) これは，記号と一体化しようとする観客のことだとも解釈できるが，観客であシュ・カントール（Tadeusz Kantor 1915-1990）のような演出家を生んだ。

(213) 俳優の人形劇への侵入の仕方はさまざまである。たとえば，エミリー・ヴァランタンによる『スカパンの悪だくみ』（2008年）では，他の登場人物たちが人形で演じられるなか，スカパンだけが人間の俳優により演じられ，彼がすべての人形をあやつるという，劇の内容を象徴するような手法がとられた。このように意味が見いだせるものもあれば，ドイツのイルカ・シェーンバインの作品のように人間とマリオネットが渾然一体となってひとつの「からだ」をなすようなものもある。さらに，俳優たちと人間よりも大きい人形が共演する舞台など，人形劇と演劇の相互影響は，人間の存在について考えるうえで非常に刺激的な舞台を数多く生んでいる。これについては Henryk Jurkowski, « L'intrusion de l'acteur », in *Métamorphoses. La marionnette au XX$^e$ siècle*, seconde édition revue et augmentée, Charlesville-Mézières, Institut International de la Marionnette / L'entretemps, 2008, pp. 96-98 および，同書で紹介されている試みを参照のこと。

(214) Vsevolod Meyerhold, *Écrits sur le théâtre*, tome 1 : 1891-1917, traduction, préface et notes de Béatrice Picon-Vallin, nouvelle édition revue et augmentée, Lausanne, L'Age d'Homme, 2001, p. 116.

(215) Bernard Dort, *La Représentation émancipée*, Arles, Actes Sud, "Le temps du théâtre", 1988, p. 25.

(216) Jean Jullien, « Théâtre inédit lyonnais », *Art et Critique*, n° 9, 27 juillet 1889.

(217) Jean Jullien, « Pro Domo », *Art et Critique.*, n° 12, 17 août 1889.

(218) Adolphe Retté, « Le Théâtre d'art II », *Souvenirs sur le Théâtre moderne. Le Théâtre d'Art*, 14 juillet 1922, in [Recueil factice d'articles de presse et de références sur Paul Fort et le Théâtre d'Art 1892-1927], consultable à la Bibliothèque nationale de France à la côte 8- RT- 3685.

(219) Didier Plassard, *L'Acteur en effigie. Figures de l'homme artificiel dans le théâtre des avant-gardes historiques*, Lausanne, L'Âge d'Homme, "Théâtre années vingt", 1992, p. 29.

(220) André Antoine, « Lettre d'Antoine sur le rôle du comédien » [1893], in Adolphe Thalasso, *Le Théâtre Libre. Essai critique, historique et documentaire*, Paris, Mercure de France, 1909, p. 174.

(221) Adolphe Retté, art. cit.

(222) Maurice Maeterlinck, « Menus propos - Le Théâtre » [1890], in *Œuvres I, Le Réveil de l'âme, Poésie et essais*, édition établie par Paul Gorceix, Bruxelles, André Versaille éditeur, 2010, p. 462.

(223) *Ibid.*, p. 461. ここで，« sujet passif du poème » の « sujet » という語は「主題」と訳すこともできるが，第3章でみたようにメーテルランクにとって作品の中心的

アーを引用していることは，この観点からは非常に示唆的である（Jacques Rancière, *op. cit.*, p. 40）。あらたな表現のあり方の追求については，Jacques Rancière, *Le Partage du sensible. Esthétique et politique* [Paris, La Fabrique-éditions, 2000] も参照のこと。

(189) Maurice Maeterlinck, « Le tragique quotidien », in *Le Trésor des humbles*, éd. cit., p. 101.

(190) *Ibid.*, p. 102.

(191) Maurice Maeterlinck, *L'Intruse*, in *Théâtre*, tome 1, éd. cit., p. 243.

(192) Maurice Maeterlinck, *Les Aveugles*, in *Théâtre*, tome 1, éd. cit., p. 299.

(193) 本章第 2 節 4 項参照。

(194) 同上。

(195) 同上。

(196) Maurice Maeterlinck, Préface du *Théâtre*, tome 1, éd. cit, p. XVI.

(197) *Ibid.*, p. XVII.

(198) *Idem.*

(199) Gérard Dessons, *op. cit.*, p. 43.

(200) Maurice Maeterlinck, « Le tragique quotidien », in *Le Trésor des humbles*, éd. cit., p. 107.

(201) *Ibid.*, p. 108.

(202) Maurice Maeterlinck, *L'Intruse*, in *Théâtre*, tome 1, éd. cit., pp. 242-243.

(203) Maurice Maeterlinck, *Les Aveugles*, in *Théâtre*, tome 1, éd. cit., p. 256.

(204) *Ibid.*, p. 262.

(205) *Ibid.*, pp. 294, 295.

(206) Maurice Maeterlinck, « Le tragique quotidien », in *Le Trésor des humbles*, éd. cit., p. 101.

(207) Maurice Maeterlinck, *L'Intérieur*, in *Théâtre*, tome 2, éd. cit., p. 181.

(208) Maurice Maeterlinck, *Pelléas et Mélisande*, in *Théâtre*, tome 2, éd. cit., p. 41.

(209) Maurice Maeterlinck, *L'Intruse*, in *Théâtre*, tome 1, éd. cit., p. 245.

(210) Jean-Pierre Sarrazac, *Théâtres intimes*, Arles, Acte Sud, "Le temps du théâtre", 1989, p. 70.

(211) アリストテレース，前掲書，p. 40。

## ■第 4 章

(212) とりわけ，エドワード・ゴードン・クレイグ（Edward Gordon Craig 1872-1966）の理論「俳優と超人形 The Actor and the Über-Marionette」（1907 年）は 20 世紀を通じて演出や俳優についての理論に大きな影響を及ぼし，タデウ

(168) ブレヒトが劇中に挿入した歌謡曲のことをこのように呼ぶ。ブレヒトは，この「ソング」の使用を，観客の劇への没入を防ぎ，異化効果をつくり出すための手段として重視していた。

(169) Maurice Maeterlinck, *L'Intérieur*, in *Théâtre*, tome 2, éd. cit., pp. 189-190.

(170) アントワーヌが装置によって「内奥の意味」を滲出させようとしていたことを思い出そう。メーテルランクはそれを戯曲のなかでおこなおうとしているのである。

(171) *Ibid.*, pp. 184, 190, 193.

(172) *Ibid.*, p. 183.

(173) 本章第2節2項参照。

(174) *Ibid.*, pp. 181-182.

(175) Maurice Maeterlinck, « Le tragique quotidien », in *Le Trésor des humbles*, éd. cit., p. 101.

(176) Friedrich Nietzsche, *Fragments posthumes*, cité in Jean-Pierre Sarrazac, « Réflexion sur un moment d'histoire de la forme courte au théâtre », *op. cit.*, p. 105.

(177) Maurice Maeterlinck, « Le tragique quotidien », in *Le Trésor des humbles*, éd. cit., p. 104.

(178) *Idem.*

(179) Maurice Maeterlinck, *L'Intérieur*, in *Théâtre*, tome 2, éd. cit., p. 192.

(180) Gérard Dessons, « Inventer l'invisible » et « L'irreprésentable », *op. cit.*, pp. 17-61.

(181) Maurice Maeterlinck, *L'Intruse*, in *Théâtre*, tome 1, éd. cit., p. 202.

(182) *Ibid.*, p. 236.

(183) *Ibid.*, pp. 214-215, 220-222.

(184) Maurice Maeterlinck, *Les Aveugles*, in *Théâtre*, tome 1, éd. cit., pp. 262, 278, 281, 296.

(185) Maurice Maeterlinck, « Le tragique quotidien », in *Le Trésor des humbles*, éd. cit., p. 101.

(186) Maurice Maeterlinck, *L'Intruse*, in *Théâtre*, tome 1, éd. cit., p. 244.

(187) Maurice Maeterlinck, *Les Aveugles*, in *Théâtre*, tome 1, éd. cit., p. 300.

(188) Friedrich Nietzsche, *Fragments posthumes* [1972], in *La Naissance de la tragédie*, texte, fragments et variantes établis par Giorgio Colli et Mazzino Motinari, traduit de l'allemand par Michel Haar, Philippe Lacoue-Labarthe et Jean-Luc Nancy, Paris, Gallimard, "Folio", 1977, p. 159. ドイツ語のテクストは Projekt Gutenberg-DE 上の *Fragmente 1869-1874* を参照した。また，「正反対のものが一致するときの意味のぶれ」という形であらたな表現のあり方を探求するＪ・ランシエールが，メーテルランクに注目しながら，直接の影響関係はないとされるショーペンハウ

(147) Peter Szondi, *op. cit.*, pp. 53, 70. またこのような見方は，メーテルランクの静劇についてのその後の研究でも受け継がれており，ポール・ゴルセイクスの論文にも同じような分析がある。Paul Gorceix, « Le statisme dans le premier théâtre de Maeterlinck », in Michel Autrand (textes réunis et présentés par), *Statisme et mouvement au théâtre*, Actes du colloque organisé par le Centre de Recherches sur l'Histoire du Théâtre (Université de Paris IV), 17-19 mars 1994, Poitiers, Publications de *la Licorne*, 1995, pp. 157-165.

(148) Maurice Maeterlinck, *L'Intruse*, in *Théâtre*, tome 1, éd. cit., p. 208.

(149) Maurice Maeterlinck, *Les Aveugles*, in *Théâtre*, tome 1, éd. cit., pp. 251, 276.

(150) *Ibid.*, pp. 255, 264.

(151) *Ibid.*, p. 263.

(152) *Ibid.*, p. 292.

(153) Maurice Maeterlinck, *L'Intérieur*, in *Théâtre*, tome 2, éd. cit., p. 175.

(154) Arnaud Rykner, *L'Envers du théâtre*, Paris, José Corti, 1996, p. 290.

(155) Maurice Maeterlinck, *L'Intruse*, in *Théâtre*, tome 1, éd. cit., p. 203.

(156) Maurice Maeterlinck, *L'Intérieur*, in *Théâtre*, tome 2, éd. cit., pp. 190-191.

(157) Maurice Maeterlinck, « Novalis », in *Le Trésor des humbles*, éd. cit., p. 89.

(158) Maurice Maeterlinck, *L'Intérieur*, in *Théâtre*, tome 2, éd. cit., p. 176.

(159) *Ibid.*, p. 183.

(160) *Ibid.*, p. 181.

(161) Gérard Dessons, *Maeterlinck. Le théâtre du poème*, Paris, Éditions Laurence Teper, 2005, p. 20.

(162) Arnaud Rykner, *op. cit.*, p. 288.

(163) Peter Szondi, *op. cit.*, p. 57.

(164) Alice Folco, « Maurice Maeterlinck », in Jean-Pierre Ryngaert (dir.), *Nouveaux territoires du dialogue*, Arles, Acte Sud, "Apprendre", 2005, pp. 70-74 ; Mireille Losco et Martin Mégevand, « Chœur/choralité », in *Lexique du drame moderne et contemporain*, sous la direction de Jean-Pierre Sarrazac, assisté de Catherine Naugrette, Hélène Kuntz, Mireille Losco et David Lescot (nouvelle édition révisée et augmentée de « Poétique du drame moderne et contemporain. Lexique d'une recherche », *Études théâtrales*, n° 22, 2001), Belval, Circé/poche, 2005, pp. 40-43.

(165) もちろんアイスキュロスの『救いを求める女たち』のような例外もあるが，そうした場合ですら，歌へと調《ととの》えられることで劇中の対話にはない距離が生まれていることが指摘できる。

(166) Mireille Losco et Martin Mégevand, art. cit., p. 42.

(167) Peter Szondi, *op. cit.*, p. 56.

(129) Maurice Maeterlinck, « Le tragique quotidien » [1896], in *Œuvres I, Le Réveil de l'âme, Poésie et essais*, édition établie par Paul Gorceix, Bruxelles, André Versaille éditeur, 2010, p. 453.

(130) Stéphane Mallarmé, « Le genre ou des modernes », in *Divagations* [1897], édité avec *Igitur. Un coup de dés*, nouvelle édition présentée, établie et annotée par Bertrand Marchal, Paris, Gallimard, "Poésie", 2003, p. 222.

(131) またマラルメが，演劇を「魂の戯れの客体化 objectivité des jeux de l'âme」と考えていたこともここで指摘しておきたい（*Ibid.*, p. 213)。

(132) *Ibid.*, p. 215.

(133) Stéphane Mallarmé, « Crayonné au théâtre », in *Divagations*, éd. cit., p. 186.

(134) Hans-Thies Lehmann, *Le Théâtre postdramatique* [1999], traduit de l'allemand par Philippe-Henri Ledru, Paris, L'Arche, 2002, p. 264.

(135) Pierre Quillard, « De l'inutilité absolue de la mise en scène exacte », *La Revue d'art dramatique*, 1^er mai 1891.

(136) Paul Fort, *Mes mémoires. Toute la vie d'un poète 1872-1943*, Paris, Flammarion, 1944, p. 31. 回想録はその信憑性が疑われる場合もあるが，この部分は，芸術劇場のメンバーの当時の記事や回想とつきあわせても内容が一致していることから，信頼のおけるものだと言ってよいだろう。

(137) Jean Jullien, « Théâtre vivant », *Art et Critique*, n° 63, 9 août 1890 ; Jean Jullien, *Le Théâtre vivant. Essai théorique et pratique*, tome 1, Paris, Charpentier et Fasquelle, 1892, p. 12.

(138) Jean Jullien, *op. cit.*, p. 14.

(139) Jean Jullien, *op. cit.*, tome 2, 1896, p. 149.

(140) Auguste Strindberg, *Théâtre cruel et théâtre mystique*, traduit du suédois par M. Diehl, Paris, Gallimard, 1964, p. 84.

(141) Joseph Danan, « Formes brèves, le laboratoire du drame », *Les Cahiers de la Comédie-Française*, n° 26, 1997-1998 hiver, p. 122.

(142) Peter Szondi, *op. cit.*, p. 86.

(143) Maurice Maeterlinck, *L'Intruse*, in *Théâtre* [1901 et 1902], tome 1, présenté par Martine de Rougemont, Genève, Slatkine, 1979, p. 203. 参照した版は3巻で編まれた戯曲集を1冊にまとめたものであるが，ページ番号は初版のままになっているので，便宜上巻数を示す。

(144) Maurice Maeterlinck, *Les Aveugles*, in *Théâtre*, tome 1, éd. cit., p. 249.

(145) *Idem.*

(146) Maurice Maeterlinck, « Le tragique quotidien », in *Le Trésor des humbles* [1896], Bruxelles, Labor, 1986, p. 102.

(116) Lorenzo Vero, « *La Bête humaine* », *Art et Critique*, n° 44, 29 mars 1890.
(117) Émile Zola, « De la description » [1880], *op. cit.*, p. 229.

## ■第 3 章

(118) ベルギー文学における「北方性」とそのフランス文学における受容については三田順の研究に詳しい。該当する発表や論文は複数あるが，ここではそのうちの一つを挙げておく。三田順，「多言語国家ベルギーにおける文学史の諸相——脱構築的視点から見る〈ベルギー文学史〉の可能性」，2011 年度神戸大学異文化研究交流センター（IReC）研究報告書，2012 年，pp. 41–54.

(119) マルグリット・デュラスによるチェーホフの『かもめ』の翻案をもともとの作品と比べてみれば，近代劇と現代劇のリズムの違いがよくわかる（Marguerite Duras, *La Mouette de Tchekov*, Paris, Gallimard, 1985）。チェーホフはベケットとの類似が指摘されるような現代性も内包する作家であるが（Cf. 中村雄二郎，『言葉・人間・ドラマ——演劇的知を求めて』，東京，青土社，1981 年，pp. 132–140），台詞の語調という側面から考えるなら，やはりそこには大きな隔たりが見られるのである。

(120) Jacques Rancière, *L'Inconscient esthétique*, Paris, Galilée, "La philosophie en effet", 2001, p. 41.

(121) 絶対劇とは「現在において人物と人物のあいだで起こるできごと」と定義されている。ここには「現在」，「人物と人物のあいだ」，「起こる」という 3 つの要素を見いだすことができるが，このそれぞれが危機に陥っていたというのがションディの主張である。

(122) Peter Szondi, *Théorie du drame moderne* [1956], traduit de l'allemand par Sibylle Muller, Belval, Circé, "Penser le théâtre", 2006, pp. 27–29.

(123) *Ibid.*, pp. 37–52.

(124) アリストテレース，『詩学』，松本仁助・岡道男訳，東京，岩波文庫，1997 年，p. 48。

(125) イプセン，『イプセン戯曲選集——現代劇全作品』，毛利三彌訳，東京，東海大学出版会，1997 年，p. 111。

(126) ストリンドベリ，『ストリンドベリ名作集〔新装復刊〕』[1985]，毛利三彌・千田是也・岩淵達治・石沢秀二・高橋康也訳，東京，白水社，2011 年，p. 139。

(127) 同書，p. 167。

(128) Jean-Pierre Sarrazac, *Poétique du drame moderne. De Henrik Ibsen à Bernard-Marie Koltès*, Paris, Seuil, "Poétique", 2012, p. 140. また，岩淵達治の訳者後記にも「自分自身にも自分がわからない」意味もこめて「見知らぬ人」と訳したと説明がある（p. 191）。

(105) G. Montignac, « *Pathologie comparée de l'homme et des êtres organisés* de Dr. Bordier », *Art et Critique*, n° 31, 28 décembre 1889.

(106) ここにいくつか例を挙げておこう。オカルティズムについての記事が多いのは，もちろんそれが当時芸術家や科学者たちのあいだで大いに流行していたためもあるだろうが，『芸術と批評』においてそれは極端に秘教的な方向に向かうというより，生の神秘への興味を直接的に映し出している点で，本書の観点から非常に興味深い。

n° 26 (23 novembre 1889), Dr. Mac-Nab, « *L'Existence universelle* de Arthur d'Anglemont » ; n° 27 (30 novembre 1889), Léo Trézenik, « *Les Excentricité physiologiques* de Victor Meunier » ; n° 31 (28 décembre 1889), G. Montignac, « *Pathologie comparée de l'homme et des êtres organisés* de Dr. Bordier » ; n° 33 (11 janvier 1890), Alphonse Germain, « Joséphin Péladan » ; n° 65 (23 août 1890), Alphonse Germain, « *Le Problème. Nouvelles hypothèses sur la destinée des êtres* de Dr. Antoine Cros » ; n° 73 (18 octobre 1890), Gaston Salandri, « *De l'ésotérisme dans l'art* d'Émile Michelet » ; n° 79 (29 novembre 1890), Jacques Tellier, « Un poète ésotérique : M. Alber Jhouney » ; n° 94 (19 mars 1892), George Doncieux, « Messieurs de l'occultisme » ; n° 95 (26 mars 1892), André Corneau, « Geste esthétique de la Rose Croix — Les fils des Etoiles ».

(107) George Doncieux, « Messieurs de l'occultisme », art. cit.

(108) Alphonse Germain, « Joséphin Péladan », art. cit.

(109) G. Montignac, « *Pathologie comparée de l'homme et des êtres organisés* de Dr. Bordier », art. cit.

(110) 多賀茂，「象徴の場としての無意識――ハルトマン，ヘルムホルツ，ルスロ」，宇佐美斉編『象徴主義の光と影』所収，京都，ミネルヴァ書房，1997年，p. 257。

(111) 同論文，p. 253。

(112) たとえば第26号の記事には「人間はその内部に真理の基準をもっている。それは第六感であり，他の感覚が知覚可能な物質に到達するように，第六感の触手は真理に到達するのである」(Dr. Mac-Nab, « *L'Existence universelle* de Arthur d'Anglemont », art. cit.) という記述がある。

(113) 「心的な力」は，第27号の記事でつぎのように説明されている。「『心的な力』というのはおそらく万有引力の発現である。二つの脳は，数キロメートル離れていたとしても，同じ心的な力に動かされればそろって振動することができる」(Léo Trézenik, « *Les Excentricité physiologiques* de Victor Meunier », art. cit.)。

(114) 先ほどふれたペラダンについての記事で，アルフォンス・ジェルマンは「人間の優越性はその自我の力によって計られる」と述べている (Alphonse Germain, « Joséphin Péladan », art. cit.)。

(115) Dr. Mac-Nab, « *L'Existence universelle* de Arthur d'Anglemont », art. cit.

射程は生の力の肯定にあったとも考えられる。また，ショーペンハウアーの「意志」が，人間の「意志」だけでなく，世界や自然がもっている力の発動をも示す「自由意志」という語を基盤にしていることも，この推察の裏づけになるだろう。

ちなみに19世紀末フランスにおけるショーペンハウアーの受容については以下の著書に詳しい。René-Pierre Colin, *Schopenhauer en France. Un mythe naturaliste*, Presses Universitaires de Lyon, 1979 ; René Ternois, *Zola et son temps*, Paris, Les Belles Lettres, 1961 ; Karl D. Uitti, *The Concept of Self in the Symbolist Novel*, The Hague, Mouton & Co., 1961.

(89) Dorothy Knowles, *La Réaction idéaliste au théâtre depuis 1890*, Paris, Droz, 1934, pp. 11–12. この本はかなり昔の研究だが，当時の演劇を詳細に扱っている数少ない研究のひとつであり，しかも自然主義と象徴主義の親和性についても示唆を与えてくれる現在でも稀少な研究なのでここで引用した。この一節は自然主義に対する反動を説明するための準備として述べられているものではあるものの，ノウルズがこのように述べているのは驚きである。彼女は，自然主義が象徴主義に近づいて行っているということを，はっきり理論化していなかったものの，早くから指摘していた貴重な研究者だったからである。

(90) Émile Zola, « De la description » [1880], *op. cit.*, p. 229.

(91) « À nos lecteurs » signé Le Comité, *Art et Critique*, n° 1, 1er juin 1889.

(92) Jules Méry, « Les Préludes. simples documents », *Théâtre d'Art*, journal du théâtre, mai 1891.

(93) 冒頭記事で自然主義がとりあげられたのは4回（nos 3, 4, 47, 75），象徴主義がとりあげられたのは6回（nos 10, 13, 19, 26, 58, 83）である。

(94) *Chat Noir*, novembre 1889.

(95) Adolphe Retté, « *La Princesse Maleine* », *Art et Critique*, n° 32, 4 janvier 1890.

(96) リュニエ＝ポーは，ジュリアンが亡くなったときには制作劇場の機関誌に追悼記事も掲載している（*L'Œuvre*, novembre 1919）。

(97) « À nos lecteurs » signé Le Comité, *Art et Critique*, n° 1, 1er juin 1889.

(98) Gaston Salandri, « La Pièce bien faite et le Théâtre Libre », *Art et Critique*, n° 4, 22 juin 1889.

(99) *Art et Critique*, n° 3, 15 juin 1889.

(100) *Art et Critique*, n° 4, 22 juin 1889.

(101) Louis Germain, « Le Théâtre idéaliste », *Art et Critique*, n° 48, 26 avril 1890.

(102) Gustave Geffroy, « Chronique. Théâtre idéaliste », *Justice*, 29 avril 1890.

(103) Francis Pruner, *op. cit.*, volume 1, p. 401.

(104) Jules Antoine, « Les Difformes et les malades dans l'art », *Art et Critique*, n° 5, 29 juin 1889.

(62) *Ibid.*, p. 7.

(63) Émile Zola, « De la description » [1880], in *Le Roman expérimental*, éd. cit., pp. 230-231.

(64) *Ibid.*, pp. 231-232.

(65) *Ibid.*, pp. 232-233.

(66) *Ibid.*, pp. 229-230.

(67) *Idem.*

(68) *Ibid.*, p. 233.

(69) *Ibid.*, p. 229.

(70) André Antoine, « Causerie sur la mise en scène », *Revue de Paris*, 1er Avril 1903, p. 603.

(71) *Idem.*

(72) *Ibid.*, p. 597. この考え方自体がすでにゾラにも見られるものでもある。

(73) 本章第1節3項参照。

(74) *Ibid.*, p. 607.

(75) Jean-Pierre Sarrazac, « Genèse de la mise en scène moderne, une hypothèse », *Genesis*, n° 26, Paris, 2005, p. 40.

(76) André Antoine, art. cit., pp. 605, 606, 607, 610.

(77) *Ibid.*, p. 601.

(78) Jean Jullien, *Le Théâtre vivant. Essai théorique et pratique*, tome 1, Paris, Charpentier et Fasquelle, 1892, p. 14.

(79) Émile Zola, *Le Naturalisme au théâtre. Les théories et les exemples* [1881], Paris, Eugène Fasquelle, 1923, pp. 20-22.

(80) *Ibid.*, pp. 3-4.

(81) Jean Jullien, *op. cit.*, p. 11.

(82) Émile Zola, *op. cit.*, p. 20.

(83) *Idem.*

(84) *Ibid.*, p. 22.

(85) *Idem.*

(86) Adolphe Thalasso, *Le Théâtre Libre. Essai critique, historique et documentaire*, Paris, Mercure de France, 1909, pp. 7-9.

(87) *Ibid.*, pp. 9-10.

(88) この時期のパリで，ショーペンハウアーはペシミズムの思想として理解されたが，彼がその中心概念であった「意志」を目的性の論理からはずれた純粋なエネルギーの迸りであり躍動として捉えており，身体を「表象」と「意志」のどちらの側面をも含むものとして特権視していたことを考慮に入れれば，実際にはその思想の

(53) 文学と生の関わりについては以下の連載論文が参考になる。Pierre Moreau, « L'obsession de la vie dans la littérature moderne », *Revue des cours et conférences*, décembre 1938-30 juillet 1939. また，象徴主義と生の関わりについては以下の著作に詳しい。André Fontainas, « Le symbolisme et la vie : Verhaeren, Vielé-Griffin, Mallarmé, Gourmont, Schwob », in *Mes souvenirs du symbolisme* [1928], Bruxelles, Éditions Labor, 1991 ; Tancrède de Visan, *L'Attitude du lyrisme contemporain* [1910], Paris, Eurédit, 2007 ; Michel Décaudin, *La Crise des valeurs symbolistes. Vingt ans de poésie française. 1895-1914* [1960], Paris, Honoré Champion, "Champion Classiques", 2013, pp. 21-23.

(54) 第１章でふれたように，アントワーヌが自由劇場を始めたころの劇場は芸術の探究の場であるまえに社交の場であり，戯曲の内容よりもスター性のある俳優，衣装，舞台装置などが注目を集めた。

(55) 注 26 参照。また，後述するが，アントワーヌがメーテルランクの作品を上演しなかった理由には，ここで問題になっていたのが『マレーヌ姫』であったことも大きいと考えられる。

(56) このあたりの状況はフランシス・プリュネールの研究の以下の部分に詳しい。Francis Pruner, *Les Luttes d'Antoine au Théâtre Libre*, 2 volumes, Paris, Lettres modernes, 1964-2007, volume 1, pp. 340-345 ; volume 2, p. 7.

(57) フランシス・プリュネールの２巻にわたる研究は，アントワーヌが晩年にフランス国立図書館に寄贈した貴重な資料を参照するだけでなく，当時の関係者の自宅などを訪ねて手紙の閲覧や証言の収集をおこなうことによって成立したものであり，貴重な資料を多く含んでいる。このような研究により，プリュネールは素朴な演劇人と考えられていたアントワーヌの劇場主宰者としての戦略的な部分を明らかにしている。

(58) ジュリアンに関する専門研究は雑誌論文１本と，DEA 論文２本のみである。David Lescot, « Jean Jullien : théorie et pratique d'un théâtre vivant », *Études théâtrales*, « Mise en crise de la forme dramatique, 1880-1910 », Louvain-la-Neuve, n^os^ 15-16, 1999, pp. 30-36 ; Nicolas Ferrier, « Le Théâtre vivant de Jean Jullien : étude théorique et pratique », mémoire de DEA à l'Université de Paris III, 1994 ; Pascale Roger, « Jean Jullien : l'itinéraire oublié d'un précurseur », mémoire de DEA à l'Université de Paris III, 2002.

(59) Émile Zola, « Le Roman expérimental », in *Le Roman expérimental*, Paris, Charpentier, 1881, p. 2. 以下，特に記述のない場合，本書における引用の翻訳は筆者による。

(60) *Ibid.*, pp. 5-6.

(61) *Ibid.*, pp. 6-7.

(35) Frederick William John Hemmings, *op. cit.*, p. 119. ここでヘミングスは，名優タルマが，無料公演のときにやってくる労働者の観客が，もっとも集中力があって好きだと述べていたことにふれている。

(36) *Ibid.*, pp. 9–11.

(37) *Ibid.*, p. 11.

(38) Luce Abélès, « Les succès en images : la revue théâtrale *Les Premières illustrées* (1881-1888) », *Revue d'histoire du théâtre*, Paris, Société d'Histoire du Théâtre, n^os^ 213–214, 2002, pp. 17–34.

(39) Frederick William John Hemmings, *op. cit.*, p. 4.

(40) Jean Jullien, « Le Théâtre moderne et l'influence étrangère », *Revue encyclopédique*, 11 avril, 1896.

(41) Camille Mauclair, « Le théâtre d'aujourd'hui », *Revue Franco-américaine*, juin 1895.

(42) ゾラもモークレールも，現代の演劇のあり方を批判し，来たるべき演劇の姿を語ろうとする。それぞれの演劇観は異なるが，それを自分でつくるのではなく，あらたな演劇を担う人物の登場を切望するところに着地するところは共通している。Émile Zola, *Le Naturalisme au théâtre. Les théories et les exemples* [1881], Paris, Eugène Fasquelle, 1923 ; Camille Mauclair, art. cit.

(43) Adolphe Thalasso, *Le Théâtre Libre. Essai critique, historique et documentaire*, Paris, Mercure de France, 1909, p. 105.

(44) *Idem.*

(45) 1894 年 2 月のハウプトマン『ハンヌレの昇天 *L'Assomption de Hannele Mattern*』の上演は，それがもっとも成功した例である。

(46) *Art et Critique*, n° 48, 26 avril 1890.

(47) Jacques Robichez, *Le Symbolisme au théâtre* [1957], Paris, L'Arche, 1972, p. 87.

(48) Paul Fort, *Mes mémoires. Toute la vie d'un poète 1872–1943*, Paris, Flammarion, 1944, p. 11.

(49) Jacques Robichez, *op. cit.*, p. 110.

(50) Paul Fort, « Les temps héroïques du Symbolisme et le Théâtre d'Art », in *op. cit.*, pp. 29–41.

(51) Jacques Robichez, *op. cit.*, p. 141.

## ■第 2 章

(52) Jean-Pierre Sarrazac, « Reconstruire le réel ou suggérer l'indicible », in Jacqueline de Jomaron (dir.), *Le Théâtre en France*, Paris, Armand Colin, 1992, p. 722.

であるジャン＝ピエール・サラザックによってしばしば用いられるこの表現は，演劇研究者のあいだでよく引用され，重要な論点のひとつとなっている。

(25) Francis Pruner, *Les Luttes d'Antoine au Théâtre Libre*, volume 1, Paris, Lettres modernes, 1964, p. 80.

(26) フランシス・プリュネールが引用している1890年10月25日の手紙で，メーテルランクは「姫［＝『マレーヌ姫 *La Princesse Maleine*』］はあなたのものであり，わたしの考えのなかではこれまでずっとあなたのものでした。［……］あなたが『姫』を今年上演なさろうと，それが10年後であろうと，あるいはまったく上演されないのであろうと，好きにしてくださってかまわないのです。作品は待っていることができますし，あれはあなたのものでしかないのですから」(*Ibid.*, p. 19) と述べている。これは，近代演出の創始者であるという事実だけが語られ，その美学が認められず芸術家としては受け入れられてこなかったアントワーヌと，その後象徴主義演劇唯一の劇作家として讃えられ，20世紀後半になってからも作品が認められしばしば上演されるメーテルランクという両者の立場を知る現在の我々からすれば，ほとんど奇妙な状況である。

(27) *Ibid.*, p. 87.

(28) この時代に言われる「無意識」とフロイトの無意識概念との隔たりと重なりについては以下の論文に詳しい。多賀茂，「象徴の場としての無意識――ハルトマン，ヘルムホルツ，ルスロ」，宇佐美斉編『象徴主義の光と影』所収，京都，ミネルヴァ書房，1997年，pp. 248-261。

## ■第1章

(29) Barry Vincent Daniels, *Le décor de théâtre à l'époque romantique. Catalogue raisonné des décors de la Comédie-Française, 1799-1848*, BNF, 2003, p. 21.

(30) Marie-Antoinette Allévy, *La Mise en scène en France dans la première moitié du XIX$^{e}$ siècle* [1938], Genève, Slatkine, 2011.

(31) たとえば以下の著作は，特にオペラ座などの大劇場の仕組みを，図で示しながら解説した本である。J. Moynet, *L'Envers du théâtre*, Paris, Hachette, 1873.

(32) Frederick William John Hemmings, *The Theatre Industry in Nineteenth-Century France*, Cambridge University Press, 1993.

(33) *Ibid.*, p. 2.

(34) 劇場の席数や改装の過程については，以下の文献を参照した。Nicole Wild, *Dictionnaire des théâtres parisiens. 1807-1914*, Lyon, Symétrie, "Perpetuum mobile", 2012 ; Philippe Cauveau, *Les Théâtres parisiens disparus*, Paris, Éditions de l'Amandier, 1999 ; *Les Théâtres de Paris*, études réunies par Geneviève Latour et Florence Claval, Éditions Action artistique de la Ville de Paris, 1991.

る。これは，19 世紀末のドラマの変容が，現代の劇作術にとって決定的な意味をもっていることを前提としたものである。

(11) 山口庸子，『踊る身体の詩学——モデルネの舞踊表象』，名古屋大学出版会，2006 年，pp. 4–5。

(12) Peter Szondi, *op. cit.*

(13) Hans-Thics Lehmann, *op. cit.*

(14) 注 3 を参照のこと。

(15) 最近になってこの空白は埋められてきており，論文集ではあるがつぎのような研究書が発行されている。Jean-Pierre Sarrazac et Marco Consolini, *Avènement de la mise en scène/Crise du drame. Continuités-discontinuités*, actes de la rencontre franco-italienne à Paris, Théâtre National de la Colline, 12–13 décembre 2008, Bari, Edizioni di Pagina, 2010. また，最近出版された象徴主義演劇の研究書も，文学研究というより演劇研究の立場からこの時代の演劇を読み解こうとする刺激的な試みである。Mireille Losco-Lena, *La Scène symboliste (1890–1896). Pour un théâtre spectral*, Éditions littéraires et linguistiques de l'Université de Grenoble, 2010.

(16) 山口庸子は，「〈言語の危機〉と〈身体言語の再発見〉」を「表裏一体の事態」と捉えている（前掲書，p. 6）。

(17) このあたりの状況については，以下の研究書を参照のこと。Marie-Antoinette Allévy, *La Mise en scène en France dans la première moitié du XIX*$^{e}$ *siècle* [1938], Genève, Slatkine, 2011.

(18) 唄邦弘，「考古学的モンタージュ——ネアンデルタール人の発見とその脅威」，第 6 回表象文化論学会，2011 年 7 月 3 日。引用は以下のニューズレターによる。ニューズレター『REPRE』，表象文化論学会，Vol. 13，2011 年 8 月，http://repre.org/repre/vol13/conference06/panel01/，最終アクセス 2013 年 12 月 1 日。

(19) Claude Bernard, *Leçons sur la physiologie et la pathologie du système nerveux*, 1858.

(20) Charles Féré, *Sensation et mouvement. Études expérimentales de psycho-mécanique*, 1887 ; Alfred Binet, *Introduction à la psychologie expérimentale*, 1894.

(21) Claude Gaudin, *La Marionnette et son théâtre. Le « Théâtre » de Kleist et sa postérité*, Presses Universitaires de Rennes, "Æsthetica", 2007, pp. 11–12.

(22) Ferdinand Brunetière, « La banqueroute du naturalisme », *La Revue des deux mondes*, septembre-octobre 1887.

(23) Jean Moréas, « Le Symbolisme. Un manifeste littéraire », *Le Figaro. Supplément littéraire du dimanche*, 18 septembre 1886.

(24) Jean-Pierre Sarrazac, « Présentation », *Études théâtrales*, « Mise en crise de la forme dramatique, 1880–1910 », Louvain-la-Neuve, n$^{os}$ 15–16, 1999, p. 7. 演劇理論家

Lehmann, *Le Théâtre postdramatique* [1999], traduit de l'allemand par Philippe-Henri Ledru, Paris, L'Arche, 2002)。フランスではあくまでテクストにとどまった研究が中心になった。そこに含まれるさまざまな問題系については，*Lexique du drame moderne et contemporain*, sous la direction de Jean-Pierre Sarrazac, assisté de Catherine Naugrette, Hélène Kuntz, Mireille Losco et David Lescot（Belval, Circé/poche, 2005）にまとめられ，「ドラマの危機」以後の「ドラマの未来」についての展望が示されている。

（4） サラ・ケインのテクスト自体は，特に一人芝居を意識して書かれたというわけではなく，それだけを読んでいれば，戯曲というよりも断章形式の散文である。実際，2003年に日本で久保亜紀子によって演出されたときには，5人の女性によって演じられている。

（5） ベルトルト・ブレヒト，「町の場面――叙事詩的演劇の基本モデル」[1940]，『今日の世界は演劇によって再現できるか――ブレヒト演劇論集』，千田是也訳編，東京，白水社，1962年，pp. 128–138。なお，ブレヒトの演劇概念の中心となる「叙事的演劇 Episches Theater」という語は，初期は「叙事詩的演劇」と訳されていたが，最近では「叙事的演劇」と訳されることが多くなっている。本書では，「叙事的」という語のほうが一般的に用いることができることも考慮し，後者の訳を採用する。

（6） この「拠りどころ」は，登場人物である場合がほとんどである。しかし，古典的な意味での「登場人物」が不在である場合，テクストの動きそのもの，あるいは舞台上のものや共演者との関係性がこの拠りどころとなっていると考えられる。そのため，ここでは「登場人物」と書く代わりに「拠りどころ」という表現を用いた。

（7） たとえばオリヴィエ・ピィやヴァレール・ノヴァリナといった20世紀後半の劇作家たちは，登場人物に，自分の作品によく出演する俳優の名を与えることがある。このように名づけられた人物は，登場人物としての側面がなくなり存在が一面化するかと思えばそうではなく，「普段の生活のなかの俳優個人」と「演者としての俳優」の違いを想起させ，かえって演者の存在のゆらぎを強調する。

（8） マーティン・エスリン，『演劇の解剖』，佐久間康夫訳，東京，北星堂書店，1991年，p. 50。

（9） 共通点を検討しているわけではないが，20世紀の俳優訓練術についての論文や実践者からの発言を一冊にまとめた書物としてはつぎのようなものがある。アリソン・ホッジ編，『二十世紀俳優トレーニング』[2000]，佐藤正紀ほか訳，東京，而立書房，2005年 ； Carol Müller (dir.), *Le Training de l'acteur*, Arles, Actes-Sud, "apprendre", 2000.

（10） フランス国立コリーヌ劇場のように，演劇研究所と協力して，19世紀末のテクストと20世紀後半のテクストを交互に上演する試みをおこなっている劇場もあ

# 注

## ■序　章

（1）「からだ」と表現したのは，テクノロジーの進歩により，生身の俳優を用いない上演もおこなわれるようになったからである。たとえばドゥニ・マルロー（Denis Marleau 1954-）は，2002 年にモーリス・メーテルランク（Maurice Maeterlinck 1862-1949）の『群盲 *Les Aveugles*』を上演する際，舞台上に生身の俳優を置かず，立体マスクにまえもって準備された俳優の顔のホログラム映像を投影した。俳優が舞台上に現前しなかったことから，この上演は「これはそもそも演劇か」と大きな議論を呼んだ。筆者は，マリオネット劇が演劇であるのと同じ意味で，この上演も演劇であると捉えている。生身の人間でなかったとしても，ある種の物質性をもった存在により空間がつくり出されていることに変わりはないからである。人間の身体に限らず，このような強度をもった存在のことを総称するため，本書では「からだ」という表現を用いる。

（2） ここでイェジー・グロトフスキー（Jerzy Grotowski 1933-1999）の「もたざる演劇」やピーター・ブルック（Peter Brook 1925-）の「なにもない空間」に代表されるような，装置や衣装にたよらず俳優の存在や表現に重きを置いた演劇概念を思い起こすことができるだろう。これらはどちらも 1968 年に発表された理論である。本書ではこの 1968 年をひとつの転換点と見定め，「現代演劇」と言う際には基本的にそれ以降から現在にいたる演劇を指すこととする。

（3） 現代演劇における登場人物の変容については Jean-Pierre Ryngaert et Julie Sermon, *Le Personnage théâtral contemporain. Décomposition, recomposition* (Paris, Éditions théâtrales, 2006) が現在のところもっとも体系的な研究である。俳優との関係については，*Études théatrales*, n° 26, « L'acteur entre personnage et performance. Présences de l'acteur dans la représentation contemporaine » (Louvain-la-Neuve, 2003) が早くからこの問題を扱ったものとして，論文集ではあるものの興味深い示唆を与えてくれる。これらの論考は，ペーター・ションディの「ドラマの危機」の概念を土台としていることをここで指摘しておきたい（Peter Szondi, *Théorie du drame moderne* [1956], traduit de l'allemand par Sibylle Muller, Belval, Circé, "Penser le théâtre", 2006)。ションディがつくり出したこの流れは，ドイツではその後ハンス＝ティース・レーマンの『ポストドラマ演劇』へとつながり，パフォーマンスを重視した演劇の分析として発展していく（Hans-Thies

TERNOIS (René), *Zola et son temps*, Paris, Les Belles Lettres, 1961.
THOREL-CAILLETEAU (Sylvie), *La Tentation du livre sur rien. Naturalisme et décadence*, Mont-de-Marsan, Éditions Interuniversitaires, 1994.
UITTI (Karl D.), *The Concept of Self in the Symbolist Novel*, The Hague, Mouton & Co., 1961.
VÉRILHAC (Yoan), *La Jeune Critique des petites revues symbolistes*, Presses de l'Université de Saint-Étienne, 2010.
VISAN (Tancrède de), *L'Attitude du lyrisme contemporain* [1910], Paris, Eurédit, 2007.

アリストテレース，『詩学』，松本仁助・岡道男訳，東京，岩波文庫，1997 年。

稲垣直樹，『フランス〈心霊科学〉考――宗教と科学のフロンティア』，京都，人文書院，2007 年。

宇佐美斉編，『象徴主義の光と影』，京都，ミネルヴァ書房，1997 年。

熊谷謙介，「エドゥアルド・フォン・ハルトマンとフランス象徴主義」，『ヨーロッパ研究』，東京大学大学院総合文化研究科・教養学部ドイツ・ヨーロッパ研究センター，第 8 号，2009 年，pp. 83-99。。

シンシア・J・ノヴァック，『コンタクト・インプロヴィゼーション――交感する身体』[1990]，立木あき子・菊池淳子訳，東京，フィルムアート社，2000 年。

ハンス・H・ホーフシュテッター，『象徴主義と世紀末芸術』[1965]，種村季弘訳，東京，美術出版社，1970 年。

ヘルムホルツ／ベノー・エルトマン，『認知心理学の源流――ヘルムホルツの思想』，大村敏輔訳・注・解説，東京，ブレーン出版，1996 年。

松浦寿輝，『表象と倒錯――エティエンヌ＝ジュール・マレー』，東京，筑摩書房，2001 年。

アリソン・ホッジ編，『二十世紀俳優トレーニング』［2000］，佐藤正紀ほか訳，東京，而立書房，2005 年。

### 3）その他の著作・研究書

COLIN (René-Pierre), *Schopenhauer en France. Un mythe naturaliste*, Presses Universitaires de Lyon, 1979.

CHEVREL (Yves), *Le Naturalisme. Étude d'un mouvement littéraire international* [1982], deuxième édition mise à jour, Paris, PUF, 1993.

DÉCAUDIN (Michel), *La Crise des valeurs symbolistes. Vingt ans de poésie française. 1895–1914* [1960], Paris, Honoré Champion, "Champion Classiques", 2013.

ILLOUZ (Jean-Nicolas), *Le Symbolisme*, Paris, Le Livre de Poche, 2004.

JENNY (Laurent), *La Fin de l'intériorité. Théorie de l'expression et invention esthétique dans les avant-gardes françaises (1885–1935)*, Paris, PUF, "Perspectives littéraires", 2002.

JOURDE (Pierre), *L'Alcool du silence. Sur la décadence*, Paris, Honoré Champion, 1994.

JOUVE (Séverine), *Obsessions & perversions dans la littérature et les demeures à la fin du dix-neuvième siècle*, Paris, Hermann, 1996.

MARQUÈZE-POUEY (Louis), *Le Mouvement décadent en france*, Paris, PUF, "Littérature moderne", 1986.

MICHELET JACQUOD (Valérie), *Le Roman symboliste : un art de l'« extrême conscience ». Edouartd Dujardin, André Gide, Remy de Gourmont, Marcel Schwob*, Genève, Droz, 2008.

MICHAUD (Guy), *Le Symbolisme tel qu'en lui-même*, Paris, Nizet, 1995.

MOREAU (Pierre), « L'obsession de la vie dans la littérature moderne », *Revue des cours et conférences*, décembre 1938–30 juillet 1939.

NANCY (Jean-Luc), *Noli me tangere. Essai sur la levée du corps*, Paris, Bayard, 2003.

NIETZSCHE (Friedrich), *Fragments posthumes* [1972], in *La Naissance de la tragédie*, texte, fragments et variantes établis par Giorgio Colli et Mazzino Montinari, traduit de l'allemand par Michel Haar, Philippe Lacoue-Labarthe et Jean-Luc Nancy, Paris, Gallimard, "Folio", 1977.

PALACIO (Jean de), *Figures et formes de la décadence*, Paris, Séguier, 1994.

PIERROT (Jean), *L'Imaginaire décadent (1880–1900)* [1977], Publications des Universités de Rouen et du Havre, 2007.

RANCIÈRE (Jacques), *L'inconscient esthétique*, Paris, Galilée, "La philosophie en effet", 2001.

Presses universitaires de Strasbourg, 2007.
*Études théâtrales*, n° 26, « L'acteur entre personnage et performance. Présences de l'acteur dans la représentation contemporaine », Louvain-la-Neuve, Université catholique de Louvain, 2003.
GAUDIN (Claude), *La Marionnette et son théâtre. Le « Théâtre » de Kleist et sa postérité*, Presses Universitaires de Rennes, "Æsthetica", 2007.
JURKOWSKI (Henryk), *Métamorphoses. La marionnette au XXᵉ siècle*, seconde édition revue et augmentée, Charlesville-Mézières, Institut International de la Marionnette / L'entretemps, 2008.
LEHMANN (Hans-Thies), *Le Théâtre postdramatique* [1999], traduit de l'allemand par Philippe-Henri Ledru, Paris, L'Arche, 2002.
*Lexique du drame moderne et contemporain*, sous la direction de Jean-Pierre Sarrazac, assisté de Catherine Naugrette, Hélène Kuntz, Mireille Losco et David Lescot (nouvelle édition révisée et augmentée de « Poétique du drame moderne et contemporain. Lexique d'une recherche », *Études théâtrales*, n° 22, 2001), Belval, Circé/poche, 2005.
MÜLLER (Carol) (dir.), *Le Training de l'acteur*, Arles, Actes-Sud, "apprendre", 2000.
PAVIS (Patrice), *Dictionnaire du théâtre* [1980], Paris, Armand Colin/VUEF, 2002.
PLASSARD (Didier), *L'Acteur en effigie. Figures de l'homme artificiel dans le théâtre des avant-gardes historiques*, Lausanne, L'Âge d'Homme, "Théâtre années vingt", 1992.
ROUBINE (Jean-Jacques), *Théâtre et mise en scène. 1880-1980*, Paris, PUF, "Littérature moderne" 1980.
RYNGAERT (Jean-Pierre) et SERMON (Julie), *Le Personnage théâtral contemporain. Décomposition, recomposition*, Paris, Éditions théâtrales, 2006.
SARRAZAC (Jean-Pierre), *Critique du théâtre. De l'utopie au désenchantement*, Belfort, Circé, "Penser le théâtre", 2000.
—, *Poétique du drame moderne. De Henrik Ibsen à Bernard-Marie Koltès*, Paris, Seuil, "Poétique", 2012.

シルヴァン・ドンム，『演出——アンドレ・アントワーヌからベルトルト・ブレヒトまで』[1959]，大木久雄訳，東京，現代出版，1984 年。

クリスティアン・ビエ，クリストフ・トリオー，『演劇学の教科書』[2006]，佐伯隆幸監修訳，東京，図書刊行会，2009 年。

エドワード・ブローン，『メイエルホリド——演劇の革命』[1995]，浦雅春・伊藤愉訳，東京，水声社，2008 年。

ZIEGER (Karl) et FERGOMBÉ (Amos), *Théâtre naturaliste, théâtre moderne ?*, Valenciennes, Camelia, Presses Universitaires de Rennes, 2001.

斎藤一寛，『舞台の鬼アントワーヌ――フランス自由劇場の歩み』，東京，早稲田大学出版部，1962 年。

中畑寛之，「私はここでその幻影を観ているのか？――マラルメの『エロディアード』上演をめざして」，『大阪音楽大学研究紀要』，46 号，2007 年，pp. 55-71。

――，「私は未知なるものを待っている――マラルメの『エロディアード』上演をめざして（２）」，『大阪音楽大学研究紀要』，47 号，2008 年，pp. 25-41。

中筋朋，「メーテルランクの一幕劇における『生の劇』の可能性――受動的感嘆が〈劇〉になるとき」，『仏文研究』，京都大学フランス語学フランス文学研究会，第 38 号，2007 年，pp. 15-34。

――，「フランスにおける俳優訓練術の萌芽――自然主義演劇理論をめぐって」，『近現代演劇研究』，近現代演劇研究会，第 3 号，2011 年，pp. 30-40。

――，「19 世紀末演劇論における役者の表現への両義的態度――身体の演劇性」，『フランス語フランス文学研究』，日本フランス語フランス文学会，第 99 号，2011 年，pp. 195-210。

山口庸子，『踊る身体の詩学――モデルネの舞踊表象』，名古屋大学出版会，2006 年。

## ２）演劇についてのその他の研究書

ALLÉVY (Marie-Antoinette), *La Mise en scène en France dans la première moitié du XIX^e siècle* [1938], Genève, Slatkine, 2011.
BLANCHART (Paul), *Histoire de la mise en scène*, Paris, Librairie théâtrale, 1948.
BOISSON (Bénédicte), FOLCO (Alice) et MARTINEZ (Ariane), *La Mise en scène théâtrale de 1800 à nos jours*, Paris, PUF, 2010.
CORVIN (Michel), *Dictionnaire encyclopédique du théâtre* [1991], Paris, Larousse/VUEF, 2001.
DANAN (Joseph), *Le Théâtre de la pensée*, Rouen, Éditions médianes, 1995.
—, « Formes brèves, le laboratoire du drame », *Les Cahiers de la Comédie-Française*, n° 26, 1997-1998 hiver.
DORT (Bernard), *Théâtre public 1953-1966*, Paris, Seuil, 1967.
—, *Théâtre réel 1967-1970*, Paris, Seuil, 1971.
—, *Théâtre en jeu 1970-1978*, Paris, Seuil, 1979.
—, *La Représentation émancipée*, Arles, Actes Sud, “Le temps du théâtre”, 1988.
DUCREY (Guy) (dir.), *Victorien Sardou, un siècle plus tard*, actes du colloque international tenu à l'Université Marc Bloch, Strasbourg, 22-24 septembre 2005,

Kimé, "Rencontres", 2008.
PRUNER (Francis), *Aux sources de la dramaturgie moderne. Le Théâtre Libre d'Antoine*, Paris, Lettres modernes, 1958.
—, *Les Luttes d' Antoine au Théâtre Libre*, 2 volumes, Paris, Lettres modernes, 1964-2007.
*Revue d'histoire du théâtre*, Société d'Histoire du Théâtre, n° 197, 1998.
*Revue d'histoire du théâtre*, Société d'Histoire du Théâtre, n$^{os}$ 213-214, 2002.
ROBICHEZ (Jacques), *Le Symbolisme au théâtre* [1957], Paris, L'Arche, 1972.
ROGER (Pascale), « Jean Jullien : l'itinéraire oublié d'un précurseur », mémoire de DEA à l'Université de Paris III, 2002.
ROUSSOU (Matei), *André Antoine*, Paris, L'Arche, 1954.
RYKNER (Arnaud), *L'Envers du théâtre*, Paris, José Corti, 1996.
—, *Paroles perdues. Faillite du langage et représentation*, Paris, José Corti, 2000.
— (dir.), *Pantomime et théâtre du corps. Transparence et opacité du hors-texte*, Presses Universitaires de Rennes, 2009.
SARRAZAC (Jean-Pierre), « Reconstruire le réel ou suggérer l' indicible », in Jacqueline de Jomaron (dir.), *Le Théâtre en France*, Paris, Armand Colin, 1992, pp. 705-730.
—, « Genèse de la mise en scène moderne, une hypothèse », *Genesis*, n° 26, Paris, 2005, pp. 35-50.
SARRAZAC (Jean-Pierre) et CONSOLINI (Marco), *Avènement de la mise en scène/Crise du drame. Continuités-discontinuités*, actes de la rencontre franco-italienne à Paris, Théâtre National de la Colline, 12-13 décembre 2008, Bari, Edizioni di Pagina, 2010.
SHAW (Mary Lewis), *Performance in the Texts of Mallarmé. The Passage from Art to Ritual*, The Pennsylvania State University Press, 1993.
SZONDI (Peter), *Théorie du drame moderne* [1956], traduit de l'allemand par Sibylle Muller, Belval, Circé, "Penser le théâtre", 2006.
*Les Théâtres de Paris*, études réunies par Geneviève Latour et Florence Claval, Éditions Action artistique de la Ville de Paris, 1991.
VEINSTEIN (André), *La Mise en scène théâtrale et sa condition esthétique* [1955], troisième édition revue et augmentée, Paris, Librairie théâtrale, 1992.
—, *Du Théâtre Libre au Théâtre Louis Jouvet. Les théâtres d'art à travers leurs périodiques (1887-1934)*, Paris, Éditions Billaudot, 1955.
WILD (Nicole), *Dictionnaire des théâtres parisiens. 1807-1914*, Lyon, Symétrie, "Perpetuum mobile", 2012.

*Études théâtrales*, « Mise en crise de la forme dramatique, 1880–1910 », sous la direction de Jean-Pierre Sarrazac, Louvain-la-Neuve, n$^{os}$ 15–16, 1999.

FÉJÈS (André), *Le Théâtre naturaliste en France*, thèse de doctorat présentée à la Faculté des Lettres de l'Université de Lausanne, 1925.

FERRIER (Nicolas), « Le Théâtre vivant de Jean Jullien : étude théorique et pratique », mémoire de DEA à l'Université de Paris III, 1994.

FIX (Florence), *L'Histoire au théâtre (1870–1914)*, Presses Universitaires de Rennes, "Interférences", 2010.

FLEISCHER (Mary), *Embodied texts. Symbolist Playwright-Dancer Collaborations*, Amsterdam and New York, Rodopi, 2007.

HEMMINGS (Frederick William John), *The Theatre Industry in Nineteenth-Century France*, Cambridge University Press, 1993.

*Impossibles théâtres. XIX$^e$-XX$^e$ siècles*, Textes réunis par Bernadette Bost, Jean-François Louette et Bertrand Vibert, Chambéry, Éditions Comp'Act, "L'acte même", 2005.

JASPER (Gertrude R.), *Adventure in the Theatre. Lugné-Poe and the "Théâtre de l'Œuvre" to 1899*, New Brunswick, Rutgers University Press, 1947.

KNAPP (Bettina Liebowitz), *The reign of the theatrical director*, New York, Whitston Publishing Company, 1988.

KNOWLES (Dorothy), *La Réaction idéaliste au théâtre depuis 1890*, Paris, Droz, 1934.

LESCOT (David), « Jean Jullien : théorie et pratique d'un théâtre vivant », *Études théâtrales*, « Mise en crise de la forme dramatique, 1880–1910 », Louvain-la-Neuve, n$^{os}$ 15–16, 1999, pp. 30–36.

LOSCO-LENA (Mireille), *La Scène symboliste (1890–1896). Pour un théâtre spectral*, Éditions littéraires et linguistiques de l'Université de Grenoble, 2010.

MARTINEZ (Ariane), *La Pantomime. Théâtre en mineur. 1880–1945*, Paris, Presses Sorbonne nouvelle, 2008.

McCORMICK (John), *Popular Theatres of Nineteenth-Century France*, London ; New York, Routledge, 1993.

MOINDROT (Isabelle) (dir.), *Le Spectaculaire dans les arts de la scène. Du romantisme à la belle époque*, Paris, CNRS, 2006.

MOYNET (J.), *L'Envers du théâtre*, Paris, Hachette, 1873.

NAKASUJI (Tomo), « Jean Jullien et *Art et Critique* : naturalisme et symbolisme dans la théorie théâtrale du fin-de-siècle », *Études de Langue et Littérature Françaises*, n° 103, pp. 43-60, 2013.

*Pantomimes fin-de-siècle*, textes présentés et annotés par Gilles Bonnet, Paris, Éditions

# 二次文献

## 1）19世紀末の演劇・舞台芸術についての研究書

ABÉLÈS (Luce), « Les succès en images : la revue théâtrale *Les Premières illustrées* (1881-1888) », *Revue d'histoire du théâtre*, Paris, Société d'Histoire du Théâtre, n$^{os}$ 213-214, 2002.

AITKEN (Geneviève), *Artistes et Théâtres d'Avant-Garde. Programmes de théâtre illustrés, Paris 1890-1900*, avec la collaboration de Samuel Josefowitz, catalogue de l'exposition au Musée de Pully, 1991.

BABLET (Denis), *La Mise en scène contemporaine*, volume I : 1887-1914, Bruxelles, La Renaissance du Livre, "collection Dionysos", 1968.

BENJAMIN (René), *Antoine déchaîné*, Paris, Éditions des Cahiers libres, 1928.

BLOCK (Haskell M.), *Mallarmé and the Symbolist Drama*, Detroit, Wayne State University Press, 1963.

CAUVEAU (Philippe), *Les Théâtres parisiens disparus*, Paris, Éditions de l'Amandier, 1999.

CHARLE (Christophe), *La Crise littéraire à l'époque du naturalisme. Roman, théâtre et politique*, Paris, Presses ENS, 1979.

DANIELS (Barry Vincent), *Le décor de théâtre à l'époque romantique. Catalogue raisonné des décors de la Comédie-Française, 1799-1848*, BNF, 2003.

DEAK (Frantisek), *Symbolist Theater: The Formation of an Avant-Garde*, Baltimore; London, The Johns Hopkins University Press, 1993.

DESSONS (Gérard), *Maeterlinck. Le théâtre du poème*, Paris, Éditions Laurence Teper, 2005.

DORT (Bernard), « Antoine le patron » [1964], in *Théâtre Public 1953-1966*, Paris, Seuil, 1967, pp. 299-303.

—, « De l'artisan à l'artiste », *Cahiers de la Comédie-Française*, n$^{o}$ 10, 1993-94, pp. 8-10.

DOUSTEYSSIER-KHOZE (Catherine) et WELCH (Edward) (dir.), *Naturalisme et excès visuels. Pantomime, parodie, image, fête. Mélanges en l'honneur de David Baguley*, Newcastle, Cambridge Scholars Publishing, 2009.

DUCREY (Guy), *Corps et graphies. Poétique de la danse et de la danseuse à la fin du XIX$^{e}$ siècle*, Paris, Honoré Champion, 1996.

*Encyclopédie du théâtre contemporain*, dirigée par Gilles Quéant avec la collaboration de Frédéric Towarnicki, direction artistique et réalisation de Aline Elmayan, Volume I : 1850-1914, Paris, Les Publications de France, 1957.

5 oct. 1890-1930], consultable à la Bibliothèque nationale de France à la côte 8-RT- 2837.

REMACLE (Adrien), « Petit Théâtre - *Noël*, ou la mystère de la Nativité, en quatre tableaux, de M. Maurice Bouchor », *Art et Critique*, n° 80, 6 décembre 1890.

—, « Petit Théâtre », *Mercure de France*, avril 1892.

SAINT-POL-ROUX, *Monodrames. Le Tragique dans l'homme*, tome 1, Paris, Rougerie, 1983.

SALANDRI (Gaston), « La Pièce bien faite et le Théâtre Libre », *Art et Critique*, 15 et 22 juin.

STRINDBERG (Auguste), *Théâtre cruel et théâtre mystique*, traduit du suédois par M. Diehl, Paris, Gallimard, 1964.

THALASSO (Adolphe), *Le Théâtre Libre. Essai critique, historique et documentaire*, Paris, Mercure de France, 1909.

VALIN (Pierre), « Le symbole au théâtre », *L'Ermitage*, janvier 1892.

VALLETTE (Alfred), « *Pelléas et Mélisande* et la critique officielle », *Mercure de France*, juillet 1893.

VAN LERBERGHE (Charles), *Les Flaireurs* [1889], in *Deux pièces Symbolistes*, textes établis et présentés par Jeremy Whistle, University of Exeter, 1976.

ZOLA (Émile), *Le Roman expérimental*, Paris, Charpentier, 1881.

—, *Le Naturalisme au théâtre. Les théories et les exemples* [1881], Paris, Eugène Fasquelle, 1923.

イプセン,『イプセン戯曲選集——現代劇全作品』, 毛利三彌訳, 東京, 東海大学出版会, 1997 年。

ストリンドベリ,『ストリンドベリ名作集〔新装復刊〕』[1985], 毛利三彌・千田是也・岩淵達治・石沢秀二・高橋康也訳, 東京, 白水社, 2011 年。

ストリンドベリイ,『ストリンドベリイ小作品——夕立ち 他 2 編』, 古城健志訳, 東京, コスモヒルズ, 2007 年。

ハウプトマン,『現代ドイツ文学全集 1　ハウプトマン篇』, 成瀬無極・相良守峯・小栗浩・佐藤晃一・登張正實訳, 東京, 河出書房, 1954 年。

マラルメ,『マラルメ全集 Ⅱ　ディヴァガシオン他』, 東京, 筑摩書房, 1989 年。

Bruxelles, Labor, 1990.

—, *Le Trésor des humbles* [1896], Bruxelles, Labor, 1986.

—, « Le tragique quotidien » [1896], in *Œuvres I, Le Réveil de l'âme, Poésie et essais*, édition établie par Paul Gorceix, Bruxelles, André Versaille éditeur, 2010.

—, « Menus propos - Le Théâtre » [1890], in *Œuvres I, Le Réveil de l'âme, Poésie et essais*, édition établie par Paul Gorceix, Bruxelles, André Versaille éditeur, 2010.

—, *Théâtre* [1901 et 1902], présenté par Martine de Rougemont, Genève, Slatkine, 1979.

MALLARMÉ (Stéphane), *Divagations* [1897], édité avec *Igitur. Un coup de dés*, nouvelle édition présentée, établie et annotée par Bertrand Marchal, Paris, Gallimard, "Poésie", 2003.

MARGUERITTE (Paul), *Le Petit Théâtre*, Paris, Librairie illustrée, 1888.

MARIN (Jules), *Nos auteurs et compositeurs dramatiques. Portraits et biographies*, Paris, Flammarion, 1897.

MAUCLAIR (Camille), « Notes sur un essai de dramaturgie symbolique », *La Revue indépendante*, mars 1892.

—, « Le théâtre d'aujourd'hui », *Revue Franco-américaine*, juin 1895.

—, *L'Art en silence*, Paris, P. Ollendorff, 1901.

MORICE (Charles), *La Littérature de tout à l'heure*, Paris, Perrin, 1889.

—, « La vraie tradition », *Le Figaro*, 2 août 1893.

NION (François de), « Chronique théâtrale », *La Revue indépendante*, février 1889.

POUGIN (Arthur), *Dictionnaire historique et pittoresque du théâtre et des arts qui s'y rattachent. Poétique, musique, danse, pantomime, décor, costume, machinerie, acrobatisme...*, Paris, Firmin-Didot, 1885.

[Les Programmes illustrés du théâtre de l'Œuvre], consultable à la Bibliothèque nationale de France à la côte 4- RT- 3700.

QUILLARD (Pierre), *La Fille aux mains coupées. Mystère* [1886], in *Deux pièces Symbolistes*, textes établis et présentés par Jeremy Whistle, University of Exeter, 1976.

—, « De l'inutilité absolue de la mise en scène exacte », *La Revue d'art dramatique*, 1$^{er}$ mai 1891.

RACHILDE, *Théâtre*, avec un dessin inédit de Paul Gauguin et une préface de l'auteur, Paris, Albert Savine, 1891.

[Recueil factice d'articles de presse et de références sur Paul Fort et le Théâtre d'Art 1892-1927], consultable à la Bibliothèque nationale de France à la côte 8- RT- 3685.

[Recueil factice de références et d'articles de presse sur le théâtre d'Art, de Paul Fort.

*Théâtre Libre. Essai critique, historique et documentaire*, Paris, Mercure de France, 1909, pp. 171–177.

—, « Causerie sur la mise en scène », *Revue de Paris*, 1er Avril 1903, pp. 596–612.

—, *"Mes souvenirs" sur le Théâtre-Libre*, Paris, Fayard, 1921.

—, *Le Théâtre*, Paris, Les Éditions de France, "La Troisième République", 2 volumes, 1892.

BONNAMOUR (George), « Théâtres - Théâtre d'Art », *La Revue indépendante*, avril 1891.

BOUCHARD (Alfled), *La Langue théâtrale. Vocabulaire historique, descriptif et anecdotique des termes et des choses du théâtre*, Pairs, Arnaud et Lavat, 1878.

BRUNETIÈRE (Ferdinand), « La banqueroute du naturalisme », *La Revue des deux mondes*, septembre-octobre 1887.

—, « La Réforme du Théâtre », *La Revue des deux mondes*, 1er avril 1890.

—, « La Loi du Théâtre » [1894], préface des *Annales du Théâtre et de la Musique*, 1893.

FONTAINAS (André), *Mes souvenirs du symbolisme* [1928], Bruxelles, Éditions Labor, 1991.

FORT (Paul), *Mes mémoires. Toute la vie d'un poète 1872–1943*, Paris, Flammarion, 1944.

FRANCE (Anatole), *La Vie littéraire*, 2e et 3e série, Paris, Calmann-Lévy, 1890–1891.

GERMAIN (Louis), « Le Théâtre idéaliste », *Art et Critique*, n° 48, 26 avril 1890.

GOURMONT (Remy de), *Sixtine. Roman de la vie cérébrale* [1889], Paris, Union Générale d'Éditions, Série "Fins de siècle", 1982.

HURET (Jules), *Enquête sur l'évolution littéraire*, préface et notes de Daniel Grojnowski, Paris, José Corti, 1999.

JULLIEN (Jean), *Le Théâtre vivant. Essai théorique et pratique*, Paris, Charpentier et Fasquelle, 2 volumes, 1892–1896.

KAHN (Gustave), « Un théâtre de l'Avenir », *La Revue d'art dramatique*, 15 septembre 1889.

KLEIST (Heinrich von), *Sur le théâtre de marionnettes* [1810], traduit de l'allemand par Jacques Outin, Paris, Éditions Mille et une nuits, 1993.

LEMAÎTRE (Jules), *Impressions de théâtre*, Paris, Société française d'imprimerie et de librairie, 10 volumes, 1888–1898.

LUGNÉ-POE, *La Parade I. Le Sot du tremplin. Souvenirs et impressions de théâtre*, Paris, Gallimard, 1931.

MAETERLINCK (Maurice), *Introduction à une psychologie des songes. 1886–1896*,

# 文献一覧

## 一次文献

### 1）雑誌・新聞

主に参照した雑誌や新聞は以下の通りである。ここではそれぞれの雑誌が刊行された年を示すが，参考にしたのは主に1887年から1899年にかけてである。


*Les Annales du théâtre et de la musique*, 1875-1916.

*Art et Critique*, 1889-1892.

*L'Écho de Paris*, 1884-1938.

*L'Ermitage*, 1891-1906.

*Le Figaro*, 1826-

*Le Figaro, Supplément littéraire du dimanche*, 1876-1929.

*Mercure de France*, série moderne, 1890-1965.

*L'Œuvre, revue internationale des arts du théâtre*, 1909-1930.

*La Plume*, 1889-1914.

*La Revue blanche*, série parisienne, 1891-1903.

*La Revue d'art dramatique*, 1845-1918.

*La Revue des deux mondes*, 1829-1971.

*La Revue indépendante*, 1884-1895.

*Le Temps*, 1861-1942.

*Théâtre d'Art*, 1890-1892.

*Théâtre libre illustré*, 1889-1891.


### 2）著作・雑誌記事


ANTOINE (André), « Lettre d'Antoine à Francisque Sarcey sur le jeu des foules au théâtre » [1888], in Adolphe Thalasso, *Le Théâtre Libre. Essai critique, historique et documentaire*, Paris, Mercure de France, 1909, pp. 164-170.

—, *Le Théâtre Libre*, brochure du Théâtre, Paris, mai 1890.

—, « Lettre d'Antoine sur le rôle du comédien » [1893], in Adolphe Thalasso, *Le*

# 図版出典

| | |
|---|---|
| 写真1 | 撮影：Pascal Victor<br>提供：Les Ateliers Contemporains |
| 写真2 | 撮影：Mario Del curto<br>提供：Les Ateliers Contemporains |
| 写真3 | Sarah Bernhardt dans *Theodora*, drame de Victorien Sardou. Bibliothèque nationale de France. |
| 写真4 | Sarah Bernhardt dans *Theodora*, drame de Victorien Sardou. Bibliothèque nationale de France. |
| 写真5 | 撮影：(右上)AFP/Gérard Julien, (右下／左)Richard Max Tremblay<br>提供：UBU compagnie de création |
| 写真6 | 雑誌 *Petite Revue* に描かれたイラスト<br>Recueil. Petit théâtre des marionnettes de Maurice Bouchor. Bibliothèque nationale de France, département Arts du spectacle, 8-RO-13530 (3). |
| 写真7 | 撮影：Ivan Boccara<br>提供：compagnie trois-six-trente |
| 写真8 | (右) Folies-Bergère. Les Selbinis, famille de vélocipédistes. Bibliothèque nationale de France.<br>(左) Jee Brothers grotesques Musical Rocks. Bibliothèque nationale de France. |
| 写真9 | (右)Isaiah West Taber, Loïe Fuller dans *La danse Blanche*, 1897.<br>(左)Folies Bergère. La Loïe Fuller (Epreuve en vert et orange sur fond brun). Bibliothèque nationale de France. |

デュラス, M.(1914-1996)　*3, 203*
ドストエフスキー, F. M.(1821-1881)　*193*
ドニ, M.(1870-1943)　*32*
トルストイ, L. N.(1828-1910)　*68, 78*

**【ナ行】**

ニーチェ, F. W.(1844-1900)　*107, 109*
ノヴァリナ, V.(1942-)　*4, 211*

**【ハ行】**

バウアー, H.(1851-1915)　*30, 64*
バウシュ, P.(1940-2009)　*119*
ハウプトマン, G.(1862-1946)　*37, 78, 81, 208*
バルバ, E.(1936-)　*10*
バンヴィル, T. d.(1823-1891)　*15*
ピィ, O.(1965-)　*4, 211*
ピカール, E.(1836-1924)　*79*
ビョルンソン, B.(1832-1910)　*78*
フォール, P.(1872-1960)　*30-33, 88, 121, 123, 125, 158, 160, 169, 170, 194*
ブショール, M.(1855-1929)　*132, 134, 197*
フラー, L.(1862-1915)　*143, 146, 147, 149, 156, 196*
フランス, A.(1844-1924)　*128, 132, 133*
ブルック, P.(1925-)　*193, 212*
ブレヒト, B.(1898-1956)　*8, 100, 102, 200, 211*
フロイト, S.(1856-1939)　*17, 192, 209*
フロベール, G.(1821-1880)　*44, 45*
ベケット, S.(1906-1989)　*79, 96, 172, 203*
ベジャール, M.(1927-2007)　*196*
ペラダン, J.(1858-1918)　*72, 204*
ベルジュラ, E.(1845-1923)　*15*
ベルナール, C.(1813-1878)　*39-41, 46*
ベルナール, S.(1844-1923)　*21, 26*
ポー, E. A.(1809-1849)　*33*
ホフマンスタール, H. v.(1874-1929)　*148*

**【マ行】**

マラルメ, S.(1842-1898)　*15, 33, 85, 121, 130, 137, 139, 141-149, 152-154, 156, 169, 173, 175, 176, 183, 196, 202*
マルグリット, P.(1860-1918)　*137, 138, 155*
マルロー, D.(1954-)　*80, 127, 212*
マレー, E.-J.(1830-1904)　*13, 14*
ミュラー, H.(1929-1995)　*7*
ムネ＝シュリー(1841-1916)　*153, 154*
メイエルホリド, V. E.(1874-1940)　*119, 178*
メーテルランク, M.(1862-1949)　*15, 32, 37, 64, 78-81, 84, 85, 92-95, 97-103, 105-115, 121, 127-130, 136-138, 143, 154, 155, 162, 171, 173, 175, 192, 197, 198, 200, 201, 207, 209, 212*
メリー, J.(1867-1943)　*63*
モークレール, C.(1972-1945)　*26, 28, 30, 208*
モッケル, A.(1866-1945)　*79*
モリス, C.(1860-1919)　*169, 170, 174*
モレアス, J.(1856-1910)　*169*

**【ヤ行】**

ユゴー, V.(1802-1885)　*20*
ユペール, I.(1953-)　*5, 6*

**【ラ行】**

ラシルド夫人(1860-1953)　*170, 177, 194*
ランベール, P.(1962-)　*4*
ランボー, A.(1854-1981)　*123, 194*
リュニエ＝ポー(1869-1940)　*32, 33, 65, 121, 158, 161, 171, 173-175, 194, 195, 205*
ルコック, J.(1921-1999)　*10*
ルコント, G.(1867-1958)　*65*
ルスロ, J.-P.(1846-1924)　*13*
ルノード, N.(1949-)　*4*
ルマークル, A.(1849-1916)　*133-135*
ルモニエ, C.(1844-1913)　*32*
レジ, C.(1923-)　*5-7, 9, 80, 172, 183*
レッテ, A.(1863-1930)　*65, 123, 125, 194*
レニエ, H. d.(1864-1936)　*169*
レルベルグ, C. V.(1861-1907)　*78*

# 人名索引

*生没年または生年不明

## 【ア行】

アイスキュロス(B.C.525?-456?)　*201*
アジャルベール, J.(1863-1947)　*29*
アリストテレス(B.C.384-322)　*82, 114*
アレクシ, P.(1847-1901)　*27*
アントワーヌ, A.(1858-1943)　*15, 27-30, 36-38, 47-51, 53, 55, 56, 61-63, 68, 69, 87, 88, 90, 121, 122, 124-126, 129, 158, 160-168, 170, 174, 175, 178, 194, 195, 200, 207, 209*
アントワーヌ, J.*　*69, 72*
イプセン, H.(1828-1906)　*37, 78, 81-83, 97, 163*
ヴァシリーエフ, A.(1942-)　*7*
ヴァラン, P.*　*177, 178*
ヴァランタン, E.*　*198*
ヴァレット, A.(1858-1935)　*31, 171, 194*
ヴィニー, A. d.(1797-1863)　*20*
ヴィリエ・ド・リラダン, A. d.(1838-1889)　*15*
ヴェルレーヌ, P.(1844-1896)　*31, 62, 64, 169*
ヴェロ, L.*　*74, 75*
ヴュイヤール, E.(1868-1940)　*32*
エカール, J.(1848-1921)　*37, 62*
エニック, L.(1850-1935)　*27*
オージエ, E.(1820-1889)　*25*

## 【カ行】

ガルシア, R.(1964-)　*4*
カントール, T.(1915-1990)　*199*
キヤール, P.(1864-1912)　*86-89, 171-173*
久保亜紀子*　*211*
クライスト, H. v.(1777-1811)　*120, 148, 150-152, 156*
クレイグ, E. G.(1872-1966)　*199*
グロトフスキー, J.(1933-1999)　*10, 212*
ケイン, S.(1971-1999)　*4, 5, 211*
ゲルドロード, M. d.(1898-1962)　*138, 197*
ゴーギャン, P.(1848-1903)　*31*
ゴーティエ, T.(1811-1872)　*26, 42, 43*
ゴンクール兄弟(兄 1822-1896　弟 1830-1870)　*26, 42-44*

## 【サ行】

サランドリ, G.(1856-19??)　*65-68*
サルセー, F.(1827-1899)　*33, 164*
サルドゥー, V.(1831-1908)　*21, 25*
サロート, N.(1900-1999)　*3*
サン＝ポル＝ルー(1861-1940)　*33, 170*
ジェフロワ, G.(1855-1926)　*68*
ジェルマン, A.(1861-1938)　*65, 204*
ジェルマン, L.*　*31, 64, 67, 68*
シェーンバイン, I.*　*198*
シニョレ, H.*　*132*
シャルコー, J.-M.(1825-1893)　*72*
ジュリアン, J.(1854-1919)　*26, 36, 38, 52, 53, 61-65, 67, 69, 88-91, 122-124, 126, 129, 139, 140, 160, 195, 205, 207*
ショーペンハウアー, A.(1788-1860)　*58, 109, 192, 200, 205, 206*
スクリーブ, E.(1791-1861)　*24*
スタニスラフスキ, C.(1863-1938)　*194*
ストリンドベリ, J. A.(1849-1912)　*78, 81-83, 91, 92, 97, 146*
セリュジエ, P.(1864-1927)　*32*
ソフォクレス(B.C.496?-406)　*103*
ゾラ, E.(1840-1902)　*27, 28, 36-49, 52-55, 58, 60, 65, 66, 74, 75, 206, 208*

## 【タ行】

ダーウィン, C. R.(1809-1882)　*13*
タラッソ, A.(1858-1919)　*29, 38, 56-58, 139, 141*
ダンカン, I.(1877-1927)　*139, 146, 147*
チェーホフ, A. P.(1860-1904)　*78, 81, 203*
ディドロ, D.(1713-1784)　*20*
デュマ・フィス, A.(1824-1895)　*25*

## 著者紹介

**中筋　朋**（なかすじ　とも）

1979年生まれ。京都大学文学部卒業。フランス・リヨン第二大学演劇科Licence課程修了。フランス・パリ第三大学演劇科Master2課程修了。京都大学大学院文学研究科博士後期課程研究指導認定退学。博士（文学）。

現在，愛媛大学法文学部人文学科表現文化論講師。

専攻は演劇学，フランス近代文学。

著書に『「ベルギー」とは何か？——アイデンティティの多層性』（共著，松籟社，2013年），論文に「マルグリット・デュラスの戯曲における演劇性の変容——『ラ・ミュジカ第二』（1985）における〈誠実な現実〉」（『関西フランス語フランス文学』，第15号，2009年），「フランスにおける俳優訓練術の萌芽——自然主義演劇理論をめぐって」（『近現代演劇研究』，第3号，2011年），「19世紀末演劇論における役者の表現への両義的態度——身体の演劇性」（『フランス語フランス文学研究』，第99号，2011年），«Jean Jullien et *Art et Critique* : naturalisme et symbolisme dans la théorie théâtrale du fin-de-siècle»（*Études de Langue et Littérature Françaises*, n° 103, 2013）などがある。



フランス演劇にみるボディワークの萌芽
——「演技」から「表現」へ

2015年3月31日　第1刷発行　　定価はカバーに表示しています

著　者　中　筋　　朋

発行者　髙　島　照　子

世界思想社

京都市左京区岩倉南桑原町56　〒606-0031
電話　075(721)6500
振替　01000-6-2908
http://sekaishisosha.jp/





（印刷・製本　太洋社）





ISBN978-4-7907-1659-4